子どもの
自己成長力
を育てる

「自分づくり」を支える授業実践

田中博之 著

金子書房

推 薦 の 辞

梶田 叡一

田中博之さんの『子どもの自己成長力を育てる——「自分づくり」を支える授業実践』を，是非とも新進気鋭の教師の方々，ベテランの教師の方々，そして教師を目指す学生諸君に，じっくりと読んでいただきたいと願っています。この本に述べられているメッセージを受け止める中で，「教育ということの核心」は何であったのか，もう一度考えてみていただきたいのです。

本書で田中博之さんが強調する「自己成長力」をどう育てるかが，学校における教育活動のあらゆる場面において基本的な視点となってほしいものです。子どもが，若者が，生涯を通して人間的にも社会的にも成長成熟していくための土台づくりをこそ，教育活動の根幹とすべきではないでしょうか。教科書を忠実に教えるだけ，学習指導要領にある諸活動をきちんと実施するだけでは，本当の教育にならないのです。

私個人としても，40年以上も前に提案した自己成長性の教育理論の実践化に，田中博之さんが今日まで粘り強く取り組んでこられたことを，大変嬉しく思います。

本書では「自己成長力」を育成するための具体的な活動も少なからず例示されています。1校でも多くの学校が，一人でも多くの教師の方々が，ここに例示されているところを日々の教育実践に取り入れてみていただきたい，と切に願っています。

はじめに　子どもの自己成長力を育てる学校教育を！

　今，子どもたちの自尊感情と自信の低さが大きな課題となっています。

　内閣府が刊行した「我が国と諸外国の若者の意識に関する調査（平成30年度）」では，日本の若者は，韓国，アメリカ，イギリス，ドイツ，フランス，スウェーデンの若者と比較して，「私は，自分自身に満足している」「自分には長所があると感じている」という項目で参加国中最低の値を示しています。また，国立青少年教育振興機構が行った調査「高校生の生活と意識に関する調査報告書」（平成27年刊行）においても，自己肯定感に関する項目「私は人並みの能力がある」「自分はダメな人間だと思うことがある」に関して，日本の高校生は，米国，中国，韓国の高校生と比較して最も低い結果を示しています。

　日常の子どもたちのつぶやきからは，「どうせ自分にはできない」「やっても無理」「周りの子は自分の悪口を言っている」というネガティブな言葉がよく聞こえてきます。

　しかしながら，子どもたちの自尊感情と自信を高めるための指導法や学習法にまだ確立されたものはほとんどありません。

　そこで，本書では日本の子どもたちの自尊感情を高めるとともに，多様な資質・能力を主体的に身に付けて，「なれる自分」の可能範囲を広げる自己成長力という新しいコンピテンシーを育てる方法を具体的に提案します。

　自己成長力とは，自分の夢や生き方を構想し，その実現のために自己評価と自己改善をくり返しながら，得意なことを伸ばし，不得意なことにもチャレンジして，周りの人と共に多様な資質・能力を身に付けていこうとする積極性と自己形成的スキルです。

　幸い筆者は，大阪大学人間科学部において自己意識の心理学を提唱する梶田叡一先生に学び，ゼミでのご指導を通して，「これからは子ども

たちの成長保障につなげる理論として，self-growth という考え方が大切になる」ということを学んでいました。その時から，自己成長というキーワードが筆者の心の中で新しい研究のアイデアとして育ち始めました。

　それから 40 年という長い年月が経ってしまいましたが，梶田叡一先生が提唱する自己成長性という用語に，それを子どもたちが自ら身に付けようとする資質・能力を表す「力」を付けて，「自己成長力」という新しいコンセプトを考えついたのです。そして，その力の状況を，子どもたちがセルフアセスメントして可視化するためのアンケートや集計ソフトを新たに開発するとともに，学校での多様な実践事例を筆者の研究成果として蓄積してきました。

　梶田叡一先生が昨年度をもって桃山学院教育大学の学長を退任されたことから，その機会にこれまでの梶田叡一先生から受けたご指導に報いるために，本書を刊行し self-growth 論という最重要の教育理論を筆者なりに解釈して具体化し，世に問うことができたことを大変ありがたく思います。恩師のこれまでのご指導に，心より感謝申し上げます。

　最後になりましたが，本書の編集に関わり多大なるご尽力をいただきましたフリーランス編集者の池内邦子様，金子書房編集部の小野澤将様に深く感謝申し上げます。また，はがき新聞の活用にあたりご協力をいただきました，公益財団法人理想教育財団専務理事田中正信様と同顧問斎藤靖美様に御礼申し上げます。さらに，本書の実践の開発にご協力くださった先生方と子どもたちに最大限の感謝の意を表します。ありがとうございました。

　本書を契機として，日本の学校教育の改革に中央教育審議会の委員として長年携わってこられた梶田叡一先生の夢，つまり子どもたちの成長保障を一層推進するために，学習指導要領のさらなる改訂につなげられることを期待します。

2022 年 12 月吉日

早稲田大学教職大学院 教授

田中 博之

目　次

　ダウンロード資料は，金子書房のホームページ『子どもの自己成長力を育てる』のページ（https://www.kanekoshobo.co.jp/book/b617911.html）よりダウンロードしてご使用ください。

　活用にあたっては，次の点をお願い申し上げます。

1　ダウンロード資料には，成長力アンケート（Microsoft Word），成長力レーダーチャート作成ソフト（Microsoft Excel）が収められています。本書と合わせてぜひご活用ください。

2　すべてのファイルには，著作権があります。ご使用は，個人的な場面や学校の授業などに限定し，公開の場での利用や，参加費などを徴収する有料の研究会や集会などでのご使用に際しては出典を明記するとともに，金子書房編集部宛使用許可の申請をお願いします。内容を確認の上，許諾します。また，ホームページなどへの掲載を含む，第三者への頒布はご遠慮ください。

3　学校内での利用に限り，印刷の回数・枚数に制限はありません。また，利便性を高めるために各ファイルを校内サーバーにアップロードして共有しても構いません。

4　3により，成長力アンケートは何度でも何枚でも印刷してお使いください。学校以外でのご利用については，金子書房編集部にお問い合わせください。

5　ダウンロード資料のファイルは，多くの種類の OS や Microsoft Office の環境で作動することを確認していますが，すべての環境下での動作を保証しているわけではありません。ファイルのバックアップは，それぞれでお取りください。

第 **1** 章

今こそ，学校教育で 自己成長力を育てよう

１．自己を見失う子どもたち

　現代の多くの子どもたちは，自分を見失っているといってよい状況にあります。自分の長所もわからないし，将来の夢もはっきりしていない。与えられた勉強以外には知りたいこともないし，ゲームと動画視聴，メール以外に特にしたいことがあるわけでもないのです。そうした「あいまいな自己」をもつ子どもたちが増えているのではないでしょうか。

　「あいまいな自己」をそのままにしているのは，子どもたちばかりではありません。大人たちでさえ，「自分は何のために生きているのか」，そして「自分はこの人生で何をして生きていきたいのだろう」といった，自己の存在に関わる根源的な問いを私たち日本人は避けようとする傾向にあります。そこに学校教育が拍車をかけています。

　勉強する意味を問わない教科学習，人生論を考えさせない道徳科の授業，自分にとって働くことの意味を考えずに汗をかくだけの職場体験，合格可能性だけで決める進路指導，偉人の伝記をまとめるだけの生き方学習など，子どもたちが「自分で自分の生き方を問う」ことをうながさない教育がますます多くなっています。

　遠い国の子どもたちの貧困問題は考えても，自分の中の自己意識の貧困さについて考え自分の生き方を高めようとする教育を受ける機会はありません。課題解決的な資質・能力を身に付けなければならないといわれても，自分でそれを身に付けたくなる意義や価値を考えるゆとりはありません。

つまり，今日の学校では多様な資質・能力は先生に育ててもらうものであり，自分で身に付けるものではないのです。

　これまでの日本社会で求められてきた均質性や形式平等の原則からみれば，「あいまいな自己」をもつことの方が，他との衝突を避けながら和の精神で生きる上で必要であったのでしょう。また，自由民主主義が成立する前には，あるいはそれ以降でも，厳しい「会社社会」においては，学校教育の効率性が重視されて，自立していない人間の方が好まれたのです。

　しかしながら，21世紀社会は，自分の生き方がはっきりしていればいろいろな夢がかなう社会です。加えて，自立した自己どうしが機能的なネットワークを構成して，豊かな共生社会を築くことが大切になる社会です。企業でも，主体的で自立的な個人が提案する斬新で豊かなイノベーションなくしてはもはや発展することができなくなっています。

　また，最近の子どもたちは，夢を失っているとよくいわれます。短期的な受験勉強や刹那的な娯楽情報の影響，固定化した社会構造などがその原因としてあげられます。

　21世紀社会の創造を担う子どもたちには，しっかりとした将来の夢や希望をもって，なりたい自分や成し遂げたい課題を豊かにイメージして生きていく力をもたせることがとても重要です。

　夢や希望をもって生き続ける子どもたちは，学校での学習だけでなく，地域のボランティア活動や家庭生活での家事分担などに積極的に取り組むようになるでしょう。

　このような状況を考えるならば，これからの学校教育では，小学校の生活科から始まって高等学校の「総合的な探究の時間」に至る学習場面で，子どもたちが「自立への基礎」を培い，自分を成長させて，将来の夢を実現し自分の人生を探究し自ら切り開いていく力を育てることが，今日の子どもたちにとって大切になってきているといえるのです。

２．子どもの自信と自尊感情が危ない！

　自信と自尊感情が低い子どもたちが増え，学校では指示待ちの子が多く，困難な課題の解決に立ち向かおうとする積極性がない子が増えています。

　自信と自尊感情の低さが引き起こす問題点は，それだけでなく，例えば学力実態の二極化，いじめや不登校にもつながっているのです。自信と自尊感情の低い子どもたちは，「どうせ自分なんてできない」とつぶやくのです。

　その原因は多様ですが，１つには家庭での愛着不足があり，もう１つには常に友だちと比較され競争を強いられて緊張が連続する学校の状況があります。

　自尊感情とは，英語では self-esteem（セルフ・エスティーム）と呼ばれ，自分を価値ある存在として肯定的に受け容れることができる前向きな感情のことです。具体的には，「自分のことが好きだ」「自分は価値ある存在だ」「周りの人は自分のことを認めてくれていると思う」といった自己肯定的な感情となって表れてきます。子どもたちにとっては，全ての学習やスポーツ，人間関係の成功の基盤となるもので，その育成はこれからの学校教育の最重要課題です。

　これからの学校では，子どもたちの自信と自尊感情を育むために，自己成長力を高めることが不可欠です。

　そのためには例えば，自己成長の素晴らしさをお互いに認め合う「相互評価や相互成長の場面」を設定することが大切です。あるいは，保護者やお世話になった地域の人を招いて開く「自己成長発表会」や「成長をお祝いする会」などの場面が効果的です。

　また，クリアファイルやクラウド上の学習履歴から，学習場面の写真や資料を選び出し，しっかりとした自己成長課題や自己評価規準に基づいて自己成長の姿を再構成して，「自己成長アルバム」や「自分史新聞」「デジタルポートフォリオ」等を作成して，子どもたちに自信をもって自分の成長を発表させてみましょう。それを見た多くの人に祝福されること

が，子どもたちの自信と自尊感情の高まりにつながっていくのです。

　今こそ，学校教育で子どもたちの自己成長力を育てる教育が求められています。それは未来に生きる子どもたちからの願いなのです。

3．子どもたちは成長したがっている

　ここまでは，子どもたちの現在の残念な状況について考えてきましたが，子どもたちには自己成長につながる希望的な側面はないのでしょうか。いいえ，そうではありません。

　子どもたちは，いつも成長したがっています。立派な大人になりたいという将来の漠然とした希望に始まり，勉強ができるようになりたい，部活でもっと活躍して成績を上げたい，楽器を思うように弾けるようになりたい，料理ができるようになりたいといった，毎日の生活の中で感じる「上達への願い」や「進歩への希望」をもっているのです。

　しかし，学校や家庭，地域のあらゆる場で，友だちや先輩・後輩と比較されて優劣をつけられて，自尊感情を失い成長しようという意欲を失いかけているのです。また，勉強やスポーツでよい成績を修めている子どもたちでさえメンタルが弱く周りから孤立して，自分の中にしっかりとした成長への意志と勇気をもちえていない子どもたちが少なくありません。

　そこで，こうした子どもたちの自己成長力の芽生えを大切に育てて，周りの大人や友だちとの支え合いを通して，しっかりとした自己成長力の太い幹としていく教育の在り方を提案し実行していくことが，わが国の学校教育の最重要課題といっても過言ではありません。

　そのために取り組むことができる具体的で実践的な成長支援ツールを具体例とともに開発・提案したものが本書なのです。

４．自己成長力とはどんな力か, なぜ必要なのか

　子どもたちが21世紀を生き抜くために必要な基礎力は,自己成長力です。学校で与えられた知識を覚え込むだけでなく,テストに出るから勉強するのでもなく,21世紀社会で自分の夢と希望を実現するために,自分を最大限に成長させようとする力を身に付けることが大切です。

　人にいわれるから自己成長するのではありません。親に期待されているから成長するわけでもありません。あくまで,自分を自分らしくするために,自分の目標や夢を実現するために,成長していこうという強い意志と大きな願いを,これからの子どもたちにはもってほしいのです。

　人間こそが,遺伝子と本能によって強い制約を受けることなく,より高い目標をもって,自分を成長させていくことができるのです。逆に,自己成長力を高めていかなければ,人間はその潜在能力を十分に発揮しないままで人生を終えることもできます。

　より具体的には自己成長力には,成長しようとする力(成長動機),成長の目標をもつ力(目標設定力),自分を評価する力(自己評価力),自分を創る力(自己創造力),周りの人と共に成長する力(相互成長力),自分を修正する力(自己修正力),心を落ち着かせる力(自己平常心)という7つの力が内包されています。このような力を総合的に身に付けていくことで,自分の成長を主体的に診断し,計画・実践・評価・改善していく力になっていくのです。

　しかしともすれば,教科書や入試問題に学習内容を限定してしまいがちな学校教育の場で,あくまでも21世紀社会に生きる子どもたちの自立と自己成長を支えていく教師の役割は重大です。

　子どもの自己成長力とは,「なりたい自分や自分の生き方をイメージして自己成長課題を設定し,その解決に向けて学びと自己評価,自己改善をくり返しながら周りの人と共に自己成長し続けようとする意志とスキル」と定義してみます。

自 己 成 長 力

A 成長しようとする力
①向上　自分にいろいろな力をつけて成長したいと思っています。

②模範　偉人や尊敬する人の生き方に学んで，自分に生かしています。

B 成長の目標をもつ力
③目標　自分のことについて，伸ばしたいところやがんばりたい目標が
　　　　あります。

④夢　　私には将来の夢ややってみたい仕事があります。

C 自分を評価する力
⑤理解　自分の長所や短所，得意なことや苦手なことがわかっています。

⑥評価　自分はこれまで成長してきただろうかと，ふり返っています。

D 自分を創る力
⑦改善　いつも学習のし方や生活のし方を，よりよくしようと努力して
　　　　います。

⑧行動　自分の目標を達成したり夢をかなえたりするために行動してい
　　　　ます。

E 周りの人と共に成長する力
⑨協力　周りの人と共に成長できるように，協力したり励まし合ったり
　　　　しています。

⑩学び　周りの人の生き方や周りの人からもらったアドバイスに学んで
　　　　います。

F 自分を修正する力
⑪注意　同じ失敗やまちがいをしないように注意しています。

⑫努力　自分の短所や苦手なことをなくすために努力しています。

G 心を落ちつかせる力
⑬安定　イライラしたり心配したりしても，静かに心を落ちつけられます。

⑭元気　失敗したりまちがえたりしても，また元気になってがんばるこ
　　　　とができます。

　もう少し具体的に見てみると，自己成長力には，上のような力が含まれています（発達段階により，領域名は少し異なります）。

　このようにして自己成長力をとらえてみると，まさに変化に対応し，主体的に新しい資質・能力を身に付け続けることが求められる 21 世紀の子どもたちに必要な力であることがわかるでしょう。

　項目だけを列挙するだけではやや抽象的ですが，まずこのような意欲や行動特性，態度を示すような子どもの姿を目標として，日々の実践に取り組むという意識の共有化を図ることが大切です。

　そして，本書の第3章でこれらの項目を用いて作成した「成長力アンケート」とその活用法を紹介し，第4章以降で具体的な実践事例について解説します。

　まずこの中で大切なのは，「成長しようとする力」です。子どもたちが，よりよい自分を求めて，「もっとこんな自分になろう」「こんなこともできるようになろう」といった強い意欲，つまり向上心をもってはじめて，自分を改善して成長していこうという意識が生まれてきます。

　そのためには，自分の現状に照らして適切な自己成長課題を設定する力，つまり「成長の目標をもつ力」が必要になります。そして，目標とした力を身に付けられた場合には大きな達成感を味わうことや，身に付けられなかった場合には，冷静にその原因を探って次の学びに活かしていくような「自分を評価する力」が求められます。

　さらに，自己成長をより継続的に，確かなものにするためには，自分の生き方を改善したり夢の実現に向けてコツコツと努力したりする「自分を創る力」が不可欠です。

　そして自己成長力は，無人島で一人きりになって伸ばすものではなく，友だちや尊敬する大人との関わりを通して伸ばしていく社会的スキルであることから，「周りの人と共に成長する力」も大切になってきます。

　「自分を修正する力」は，学習と生活のあらゆる場面で，同じ失敗を繰り返さないようにしたり，自分の短所を改めたりすることが成長には必要不可欠であることを示しています。成長には失敗がつきものですから失敗してはいけないのではなく，失敗を乗り越える力を身に付けてほ

しいのです。また，短所のない人もいないのですから，短所は悪いこと なのではなく，人との関わりをもつ中で短所を少なくして人間関係をよ くしたり自分をよりよく創ったりすることができるようになることが大 切です。

　最後に，「心を落ちつかせる力」は，人間が成長する過程で必ず直面 する不安や心配，イライラをうまくコントロールして，平常心を保てる ようにする力として大切です。これがなければ，自分の成長が，友だち と比べて遅かったり，自己目標から大きく下回っていたり，長期間にわ たって停滞してしまった時に，辛抱強く，粘り強く自己の弱さに打ち勝っ て成長の壁を乗り越えていくことはできません。

　以上のことをまとめていえば，自己成長力は，自分の可能性を広げ夢 を実現する力であり，社会人として立派な大人になる力，そして人のた めに働き貢献する力なのです。

　そのために，ふだんから教師が心がけておくことは，次のような子ど もたちの自己成長を支援することです。こうした日常の小さな支援から， 成長力アンケートを用いた自己成長プロジェクトの実践までのレパート リーをもてるようにしてください。

【子どもの自己成長力を伸ばす教師の支援】

- 子どものよいところを見つけてほめるようにしている
- 友だちどうしで，よいところをほめ合う機会を設定している
- 子どもたちの発言や行動の価値付けを大切にしている
- 教室の掲示に，子どもたち一人一人の成長の様子を可視化している
- 子どもたち一人一人に達成できる目標をわかりやすく提示している
- 自己成長がある人生のよさとない人生の問題点を日頃から語っている
- 自己成長のロールモデルを伝記やニュースから拾って学ばせている
- がんばらせるだけでなく工夫して考える習慣を付ける指導をしている
- 自分の長所や得意なことに気づかせる言葉かけや教材作成をしている

5．自己評価から自己改善，自己創造へ

　では次に，これまで似たような用語としてよく使われてきた自己評価と自己成長はどう違い，またどのような関係にあるのでしょうか。

　自己評価は，自己成長に欠かすことができない１つの要素であり，次のような５つの意義をもつものです。

【子どもたちが自己評価する意義】

①　自分の学習状況を対象化してとらえることができる

②　判断基準に基づき自己の学習状況を客観的にとらえることができる

③　目標が十分達成できたところについて自信をもつことができる

④　学習が不十分なところについて新たな達成意欲をもつことができる

⑤　自らの学びの改善案やより高い目標を考えることができる

　つまり，自己評価とは，自らの学習の改善をめざして，自己を対象化して客観的に把握し，新たな学びへの意欲を抱くことです。

　では，子どもたちによる自己評価は，どのようなことに配慮して実施すればよいのでしょうか。次の５つのポイントが大切になります。

【子どもたちが自己評価する際のポイント】

①　自己評価から自己改善につながるようにすること

②　子どもが長期的に自己成長の軌跡を振り返られること

③　課題解決の過程に沿って多様な実践スキルを評価すること

④　子どもと教師の共同評価を大切にすること

⑤　自己評価における判断にエビデンスを用いること

　この中でも特に大切なことは，自己評価を小学校１年生から継続して行わせて，数年にわたる長期的な自己成長を見つめさせることです。そのためには，イギリスの小学校などでよく見かけるように，子どもたちに１冊ずつクリアポケットファイルをもたせて，その中に単元ごとに自

分で付けた自己評価カードを保存させておくと効果的です。そうすることで，自己評価から自己改善に結びつけられる自律的な学習態度をもつ子どもたちを育てることが大切です。

　それに加えて，１つひとつの資質・能力を身に付けるための子ども用「学び方マニュアルカード」や，単元ごとにまとめた「学習成果レポート」，さらに友だちからの「相互評価カード」もあわせて入れるようにしておくと，それ１冊が，１年間の学習成果を集大成した「自己成長レポート」になっていくのです。

　教師の側から子どもたちの自己評価に関わる視点としては，子どもとの共同評価，つまり合評を行うことと，子どもの評価結果から授業や支援の在り方の改善につなげていくことが大切です。

　子どもの自己評価を上記のように定義すれば，自己評価力には次のような８つの下位能力が含まれていなければなりません。これは，課題設定から友だちとの相互評価や自己改善まで含めた広義の定義づけになっています。

【自己評価力の下位能力】
① 　自分の学習課題を適切に設定することができる
② 　自己成長課題を適切に設定することができる
③ 　既成の観点にしたがって自分の学習成果を評価することができる
④ 　自己設定した観点にしたがって自己成長を評価することができる
⑤ 　自分の長所や学習成果を伸ばすための方法を考えることができる
⑥ 　自分の短所や不十分な点を改善する方法を考えることができる
⑦ 　他者からの評価を参考にして客観的な自己評価をすることができる
⑧ 　自分の得意なことや自信があることについて自覚することができる

　このような定義の中に，課題設定を入れたのは，自分の問題解決や自己成長にとって何が適切な課題であるのかを判断する力も評価力であると考えたからです。また，学習成果という用語は，必ずしも学年や単元の終了時というように考えずに，単元途中での中間評価も設定可能です

から，常に過程にあるものとみなすことが大切です。

　さらに,子どもたちに自己成長課題を自己設定させることも大切です。自己設定は，すぐにはできません。小学校1年生では，教師があらかじめ評価の観点を評価カードに書いておいて，自己評価活動に慣れさせることから始めてみましょう。しかし，3年生にもなると，「この単元で，私は表現力をもっと身に付けたい」とか，「僕は，コンピュータでホームページを作って他の学校の友だちと交流する力を付けたい」というように，自己成長課題を自己設定することができるようになります。その意味でも，子どもの自己評価力は系統的に育てるべき力なのです。

　こうして自己評価力と自己成長力を関連づけてとらえてみると，自己評価力は自己成長力の一部であり，自己成長力は自己評価力を一層発展させて，自己評価から自己改善を見通して含みもつより包括的な能力であることがわかります。

　そして最終的には，自己成長力は自己創造していく継続的な努力を基盤として含んでいるのです。したがってこれからの学校教育では，自己成長という包括的で成長志向的な用語を多用することにして,自己評価,自己改善，自己創造という用語をその部分的な下位概念として用いるようにしましょう。

6.自己教育力,自己学習力,自己指導能力　　を超えて

主体的に生きる力を身に付けるために

　これまで特に1980年代において，わが国でも，「自己教育力」や「自己学習力」という言葉が中央教育審議会や臨時教育審議会で提案されてから急速に広がり，当時の教育改革をリードしていました。「自ら学ぶ子ども」という子ども観に基づいて，生涯学習社会を生き抜くために常に変化と膨張を続ける新しい知識と技術を主体的に身に付けていく力を新しい学力と位置付けて，その育成を考えてきました。

　しかし残念なことに，その研究の積み上げがわが国の学校教育におい

ては昨今の学力低下論争の中でかき消されてしまったのです。

　学ぶ意義の自己理解や学習の自己マネジメント力，そして自己評価力や自己成長力こそが，子どもの学力向上や資質・能力の習得を牽引する最大のエネルギーになるのであって，基礎問題の反復練習や授業時間数の増加だけでは十分ではありません。

　そこで私は，子どもたちに21世紀に主体的に生きる力を自ら身に付ける力を育てることが必要であると思うようになりました。それが，まさに「子どもの自己成長力」です。自分で成長しようとする人間ほど強いものはありません。そして，自己成長にめざめた子どもたちほど，主体的な学習者になれる人はいないのです。つまり，21世紀に生きる力を自ら身に付けようと自己成長する人こそが，21世紀に自己の夢や希望をかなえる力を身に付けた人であるといえるのです。

　教科学力を自ら習得しようとする力を自己学習力と呼び，21世紀社会で必要となる生きる力を自ら身に付けようとする力を自己成長力と呼び，この2つの力を学校教育の全体計画の中で共にバランスよく育てていくことが21世紀の最も重要な教育課題になってほしいのです。

　自己学習力と自己成長力という2つの用語は，本来「自ら学ぶ力」という意味では共通しているので，お互いに区別する必要はないという意見もあるでしょう。しかし，教科学習の学び方と人間としての主体的な生き方を身に付ける学び方とは，そのプロセスにおいて大きく異なっていることを強調したいのです。

　つまり，教科学習はすでに学問的に確立した文化遺産を効率よく学ぶことをねらいとしているために，たとえ「自ら学ぶ」といっても教科書や参考書，そして問題集をもとにして，自学自習をする力が自己学習力の大部分を占めています。よい意味では，教科学習における課題解決的な学習を想定して実験や観察，図書館での文献調査などを含めることもありますが，悪い意味では，テストや受験のテクニックと暗記の方法までもが学習内容とされることも少なくありません。

　日本の受験システムが大きく変わらない限りにおいて，それはもちろん必要なことです。また，わが国も今後ますます欧米社会のような資格

社会になると，少なくともペーパーテストで合格するためには机上での鉛筆と問題集を用いた自学自習が必要になることも間違いありません。

　しかし，子どもたちが学校を卒業して実社会に出た時に，仕事やボランティア活動で必要になるのは，教科学習で身に付けた基礎学力や自己学習力だけでなく，体験学習や多くの人との関わりにおいて学んだ自己成長力なのです。

　そうであるからこそ，21世紀に生きる子どもたちには，豊かな直接体験を通して，多くの人と関わりながら，自らを成長させようとする学習，つまり自己成長学習とその一手法である自己成長プロジェクトを主体的に行うことで，人生を主体的に生きる力としての自己成長力を身に付けてほしいと考えるのです。

　いいかえれば，答えのない課題に対して自分なりの答えを見つけていく学習を通して，生涯にわたって自分に必要な力を身に付けていくことが自己成長です。そのために，学校教育において，子どもたちの自己成長力の基礎を育てていくことが，21世紀の学校教育の最重要課題になっているといってよいのです。

『生徒指導提要』における自己指導能力

　2010年に文部科学省では『生徒指導提要』という提言書を出して，これからの学校における生徒指導の在り方を定義づけました。その中で提起されたのが「自己指導能力」という能力観です。

　自己指導能力とは，文部科学省の定義によれば，「児童生徒が，深い自己理解に基づき，『何をしたいのか』，『何をするべきか』，主体的に問題や課題を発見し，自己の目標を選択，設定して，この目標の達成のため，自発的，自律的，かつ他者の主体性を尊重しながら，自らの行動を決断し，実行する力」であるとされています（『生徒指導提要（改訂版）』，p.13）。さらにその過程において重要な教師の配慮として，「自己存在感の感受」「共感的な人間関係の育成」「自己決定の場の提供」「安全・安心な風土の醸成」という４点があげられています（同，pp.14-15）。

　また，その改訂版の中では，児童生徒の自己指導能力の育成のために

必要な生徒指導の領域の1つに,「発達支持的生徒指導」という指導機能をあげています。

国が提案するこれからの生徒指導の在り方の中に,キーワードとして,「自己理解」「個の成長」や「目標達成力」「自己の目標」といった自己成長力に類似する用語が入っていることは大変喜ばしいことです。

本書の第3章で分析・解説するように,新しい学習指導要領においては,所々に「成長」というキーワードが入ってきていることから,児童生徒の自己成長の促進につながることを願っています。

しかし,「自己指導能力」や「発達支持的生徒指導」という考え方について批判点がないわけではありません。それは,次の6点に集約されます。

批判点❶

1つめは,すでに解説したように,自己成長には自分の短所や自己の学び方や生き方の不足点を修正し改善していくというプロセスを基盤におくことが不可欠ですが,『生徒指導提要(改訂版)』(以下,『提要』)ではそれらが含まれていないため,子どもたちは何の壁も不安もなく自己指導能力を身に付けられるような単純な前提に基づいていることです。

批判点❷

2つめはそれとの関わりで,自己成長力で大切にしている「心を落ちつかせる力」で示しているように,子どもたちが成長する過程で感じる不安や心配,イライラといったネガティブな心理状態を自覚的に乗り越えていくことが『提要』では抜け落ちていることです。言い方を変えれば,子どもたちが成長する過程では,「未決定不安への耐性」を身に付けることが絶対的に不可欠なのですが,そうした成長へ至るダイナミックなプロセスに子どもたちが正対し,それを乗り越えることができるように支援する方法が全く書かれていないのです。

批判点❸

3つめは,そうした自己修正や自己改善といった自己創造過程で乗り越えるべき「自己内成長阻害要因」,例えば,なまけ心や虚栄心,自分

に嘘をつく心，苦労から逃げ出したくなる心，自己欺瞞や自己不信，自己逃避といったネガティブな心情の存在を認め，それらを克服する学びを成立させることをもっと強調すべきでした。

批判点❹

4つめとして，子どもたちが作り出す人間関係の特徴を「共感的」という限定的な用語で示しているところです。それに対して，自己成長力では共感的であることに留まらずに，「相互成長的な人間関係」を子どもたちが作り出していくことを大切にしています。例えば，友だちや尊敬する大人をロールモデルとして自分の生き方に生かしたり，生き方や学び方について友だちへ優しくアドバイスしたり，協力し合って共に成長しようと励まし合うような人間関係を作り出していくことを提案しています。

批判点❺

5つめとして，子どもたちが発達することを，「指導」すべきであるとしているところです。しかし，それだけで子どもたちの自己成長がうながされるでしょうか。私は，その点については懐疑的です。子どもたちの自己成長は，教師からの指導を一部受けながらも，子どもたちが主体的な自己成長学習，特にその一手法である自己成長プロジェクトを実行することなくして達成されないという考え方に基づいています。

教師側の役割を少し強調するとしても，子ども主体の自己成長プロジェクトを教師が支援することが大切なのですが，『提要』の中では，自己成長プロジェクトのような子ども主体の自己成長学習をデザインし実行することについては言及がありません。

つまり，『提要』は，あくまでも児童生徒の自己の発達を指導すれば子どもたちの悩みや不安もなく成長が遂げられるという甘い前提に基づいていることが大きな問題点であると指摘しておきます。こうした一方的な教師主導の「指導観」から，子ども主体の「支援観」を取り入れた提言，つまり子どもの「成長支援」という考え方に修正されることを期待します。

逆にいえば，そうしなければ学習指導要領で求めている，「主体的・

対話的で深い学び」という授業改善の原理が生徒指導には適用できなくなるという矛盾が生じてしまいます。学習指導要領も「指導」であることに変わりありませんが，あくまでも児童生徒が取り組む学びの原理に主体性を置いたのですから，生徒指導の「指導」という用語を外して「支援」とし，「児童支援」「生徒支援」という用語に変更して，子ども主体の成長の原理をしっかりと提案すべきでした。

批判点❻

　最後に，『提要』では，「成長支援」という考え方ではなく，子どもたちの「発達支援」という考え方に立っていることの問題点を指摘しておきます。「発達」という用語は，人間が予め備えている固定的な段階に沿って資質・能力を高めていくという考えに基づいています。一方，「成長」という概念は遺伝と環境から影響を受けながらも，さらに自らの意思と周りの人との「共成長的」な関係づくりという主体的な営みによって，自ら多様な資質・能力を意図的・計画的に身に付けようとする柔軟な「学習」観に基づいています。

　これからの学校教育では，こうした固定的な「発達」ではなく，柔軟で未来に希望のある「成長」という考え方を大切にしたいものです。

7．自己成長学習の創造

自己成長プロジェクト～自己形成型の総合的な学習

　最後に，自己成長プロジェクトの特徴を見ておきましょう。

　これは，学習指導要領における総合的な学習の時間の目標として規定されている「自らの生き方を考える」ことを中心的なねらいとしているものです。自叙伝を書いて自分の成長を振り返ったり，地域の人との交流を通してコミュニケーションを深めたり，未来のわが町をイメージしてそこでの自分の職業を構想してみるなどして，子どもたちの自尊感情を高めて自分のよりよい生き方を探ることをねらいとしています。

　自己形成型の総合的な学習は，子どもたちの自己成長力を育てるために，自己形成史の振り返りと未来の夢さがしを行う時間です。

　子どもたちは，ふだんは勉強やスポーツなどに忙しくて，自分の生き方を考えてみる時間的余裕はないでしょう。そこで，「総合的な学習の時間」において，1つの単元としてたっぷりと時間をとって，自分の過去・現在・未来を考えるための学習を展開しようというのが，自己成長プロジェクトの提案です。

　子どもたちの生き方の振り返りと見通しによって自己成長力を高めることは，例えば，社会参加型カリキュラムの典型である職場体験学習においても部分的に可能です。なぜなら，自分が将来やってみたい仕事を体験することによって，自分の職業に関する興味や適性をとらえ直すきっかけをもつことができるからです。

　しかし，子どもたちの社会的自立をうながすために，1つの単元としてぜひ小学校と中学校のそれぞれの段階で，自己成長プロジェクトを実践してみましょう。

評価セッション～自己成長のための自己評価・相互評価活動

　さらに本書では，評価セッションという子ども主体の新しい教育方法と評価の新手法を具体的な実践事例を豊富に交えながら提案しています。評価セッションとは,「子どもたちが学びの計画・実施・評価の成果を，自己評価と相互評価，外部評価を通して振り返ることによって，よりよい学びへと改善していくために響き合う活動」です。つまり，自己成長のための自己評価・相互評価活動を授業として成立させたものです。

　この方法で，子どもたちの自己成長力は明らかに伸びます。そして，子どもたちの生きる力も育つのです。

　子どもの自己成長力が，積み重ねられた評価セッションを通して育ち始めた時，子どもたちは，自分に自信をもち，友だちとの関わりの中で，自尊感情をもち始めるようになります。21世紀を生きる力の基盤にあるものは，確かに自信と自尊感情だからです。

　評価セッションの1つである自己成長発表会は子どもたちが，自分について次のような発見と決意をすることが特徴になります。

【自己成長発表会における子どもたちの学び】

① これまでの自分史を振り返る

② 自己と友だちの成長を発見する

③ 自分の夢や希望をはっきりともつ

④ 自分の適性や個性を発見する

⑤ 自分の長所と短所に気づく

⑥ 人に支えられて生きていることに気づく

⑦ これからの生き方を考える

⑧ 人生設計プランを立てる

⑨ 親や先生，友だちに成長の感謝を表す

⑩ 自立への自覚と責任をもつ

　このような子どもたちの自己成長をうながす総合的な学習の時間の取組は 21 世紀社会においてますます重要になっているといえます。

　これからの総合的な学習の時間のポイントは，「自己発見」と「自己成長」というキーワードです。子どもたちが将来大人になって，21 世紀社会をたくましく自分の意思で生き抜くことができるようになるためには，「自分とは何か」「自分は何をしている時に一番輝いているだろう」という問いに答える力をもつことが大切です。それはいいかえれば，自分の長所に気づき，自分の夢をもつことにほかなりません。

　単元名を例としてあげると，「2 分の 1 成人式を開こう」「偉人の生き方に学び自叙伝を書こう」「私の夢を演劇で伝えよう」「語ろう私たちの夢」「成長を確かめよう」などがあります。中学校では，職場体験学習の発展として「未来予想図を書こう」や「人生設計シート」で夢や希望を自覚させるような実践が考えられます。

　以下はイメージ化のための単元案の一例です。子どもたちの自己成長を助ける多様な教育プログラムの様子は，本書の第 4 章以降を参照してください。

自己成長プロジェクトの単元プラン（案）

〇自分力向上プロジェクト　総合的な学習の時間7時間＋道徳科4時間

（1時間目）
- 「成長するってどんなこと？」というテーマでサークルタイムをする
- 自己成長のための14の力についてカード式ワークショップで考える
- 成長力アンケートを付ける

（2時間目）
- 成長力レーダーチャートを自己診断する
- 自己成長ワークシートに自己分析を書き込む
- 友だちとグループになって，診断結果を交流する
- 自己成長ワークシートに，成長目標や改善行動を具体的に書き込む

★2週間の実践週間を設定する　1回目　実践記録を付ける
☆特別授業1　自分ウェビングをしよう（1時間）　道徳科

（3時間目）
- 成長目標が達成できたかを振り返ってグループで交流する
- ほめほめカードを書いて友だちに渡す
- 自己成長のための14個の力から1つを選んでサークルタイムをする
- 自己成長ワークシートにさらなる成長目標と改善行動を書き込む

★2週間の実践週間を設定する　2回目　実践記録を付ける
☆特別授業2　夢を達成した人（1時間）　道徳科

（4時間目）
- 成長目標が達成できたかを振り返ってグループで交流する
- ほめほめカードを書いて友だちに渡す
- 自己成長のための14個の力から1つを選んでサークルタイムをする

• 自己成長ワークシートにさらなる成長目標と改善行動を書き込む

★2週間の実践週間を設定する　3回目　実践記録を付ける
☆**特別授業3　苦手なことはどうする？（1時間）　道徳科**
☆**特別授業4　壁を乗り越える体験はなぜ必要？（1時間）　道徳科**

（5時間目）
• 成長目標が達成できたかを振り返ってグループで交流する
• ほめほめカードを書いて友だちに渡す
• 自己成長のための14個の力から1つを選んでサークルタイムをする
• 自己成長ワークシートにさらなる成長目標と改善行動を書き込む

（6時間目）
• 自己成長発表会の準備とリハーサル

（7時間目）
• 成長おめでとうの会や自己成長発表会を開く
• 自己成長ワークシートにプロジェクトの成果と課題を書く
• 先生から，子どもたち一人一人に成長おめでとうカードを渡す

　以上のように，簡単ですが，子ども主体の自己成長プロジェクトという新しい総合的な学習の時間の在り方を提案してみました。それは，子どもたちの未来の夢と希望を育む学習です。
　いいかえれば，子どもたちの自己成長力は，生涯学習社会を「生きる力」の究極的な姿であるともいえるでしょう。
　その意味で，子どもたちの自己成長をうながす総合的な学習の時間の取組は21世紀社会においてますます重要になっています。これからは，「総合的な学習の時間」の年間総時間数から10時間程度を残しておいて，ぜひこの新しい自己成長プロジェクトを実施してみてはどうでしょうか。きっと，新たな子どもたちのよさを発見できるに違いありません。

第2章
先行研究に学ぶ
自己成長力

1. 梶田叡一の自己成長性

　大阪大学の学生時代に筆者が最も学術的影響を強く受けたのは，恩師の梶田叡一氏による自己成長性に関する研究です。

　本書の恩師との対談（p.56-70）で詳しく述べられているように，自己成長性という考え方とその具体化のための項目は，マスタリーラーニングと形成的評価で著名なブルーム（Benjamin S. Bloom）博士が開催したグレナセミナーの後に行われた国際共同研究で梶田氏が提案したものです。

　梶田氏は，新進気鋭の若手研究者の頃からすでに，「学力保障と成長保障の両全」という考え方を提唱し，子どもの教科学力と人間的成長を共に育てる学校教育を創造することが大切であるという主張をしてこられました（梶田，1982）。

　当時まだ学部生だった筆者は，その提案の深みと先進性を十分理解できないままに，一方で情報教育や総合的な学習の時間に関する実践的な研究を行っていたため，恩師からいただいた重要なテーマであったにもかかわらず，子どもの自己成長という大切な教育的概念の深化と具体化の研究に取り組めないでいました。

　しかし意識のどこかでは，いつかは真剣に取り組むべき研究テーマであることは感じていました。そこで細々とですが，子どもが学びの主人公になる自己評価を行う「評価セッション」という授業方法を開発して，その中で子どもたちが自己成長を遂げていく理論と実践事例をまとめて

解説した実践ハンドブックを出すなど，研究の火は絶やさないできました（文献5参照）。

　そうして筆者も60歳台となり，「人間的成長とは何か」という深い教育学的な問いにも少しずつ答えられる経験と実践研究が蓄積されてきて，ある日一気に自己成長力の定義とそれに基づく成長力アンケートの項目が浮かんできたのです。

　その意味で，恩師の梶田氏が提唱した自己成長性と成長保障という考え方の具体化には，教育学の研究者である自身の人間的成長や研究的成熟を40年以上も待たなければならなかったのです。それは，私の成長が遅いからなのか，恩師の思想が先進的すぎるのか，あるいは，自己成長という概念がそもそも難解な奥深いものであるからなのか，おそらくその全てが要因となって，ようやく2023年を迎えて，1974年の恩師の提言から50年近く経ち，筆者なりの1つの深化と具体化の研究成果を世に問うことができるようになりました。

　筆者の遅すぎる卒業論文を本書で受け取ってくださった梶田叡一先生に深く感謝したいと思います。

　さて，梶田氏が提案する「自己成長性」とは，「学習者が長い期間にわたって成長・発達するのに役立つ個人的諸特性」（梶田，1985，p.32）であるとされていて，具体的には以下に引用するように，「自己理解」「人間存在と環境世界への関心」「達成への動機づけ」「内的な判断基準の確立」「前進的な価値観と態度の確立」「パーソナリティーの統合」という6つのカテゴリーからなる合計17項目からなる人間性の資質です。

　そして，この自己成長性は，「自己教育性」と呼ばれる大きな概念に含まれるものとされていて，学校教育のカリキュラムを生涯学習の観点から吟味するための視点表なのです（表2－1）。

　自己成長性と併せてもう1つ自己教育性に含まれる能力として「自学自習の能力」も提案されています。

表 2 - 1　自己成長性への志向と自学自習の能力（梶田，1985，pp.32-35）

A 自己成長性への志向（Oriental of Self-Growth）
　学習者が長い期間にわたって成長・発達するのに役立つ個人的諸特性を開発すること。そこには，現実的な自己意識，世界と他者への関心，達成への欲求，内面化された評価・判断基準，全面的に統合されたパーソナリティ，が含まれる。

クライテリオン 1 ：**自己理解**（Self-understanding）
〔具体目標〕
　1．学習者は自己が自分の成長への責任を負っていることに気づく
　2．学習者は自己の成長と発達のために新たな領域を探索する
　3．学習者は自己の可能性をよりよく理解することによって自信を得る

クライテリオン 2 ：**人間存在と環境世界への関心**（Interest in human beings and in environmental world）
〔具体目標〕
　1．学習者は自己の物理的生物的環境に関心を持つようになる
　2．学習者は人間の多様な諸条件に対して関心を持つようになる
　3．学習者は地域，国，国際社会，といった社会的環境に関心を持つようになる

クライテリオン 3 ：**達成への動機づけ**（Achievement motivation）
〔具体目標〕
　1．学習者は自分の諸能力（認知的，情意的，精神運動的）を伸ばすよう動機づけられる
　2．学習者は何らかの具体的な目標を達成するよう動機づけられる

クライテリオン 4 ：**内的な判断基準の確立**（Establishment of internal judgement criteria）
〔具体目標〕
　1．学習者は判断してみるための暫定的な基準を獲得する
　2．学習者は独自の意見を持てるようになる
　3．学習者はさまざまな分野での自己の判断について現実的な価値判断ができるようになる

クライテリオン 5 ：**前進的な価値観と態度の確立**（Establishment of progressive values and attitudes）
〔具体目標〕
　1．学習者は未来志向的な価値観と態度を持つようになる
　2．学習者は柔軟な思考と寛容さを持つようになる
　3．学習者は多様な選択肢を考えてみようとするようになる

クライテリオン 6 ：**パーソナリティーの統合**（Integration of personality）
〔具体目標〕
　1．学習者は個人的発達のための理想モデルを探求し吸収する
　2．学習者は全面的な成熟を得るために努力する
　3．学習者は人間社会の発展に対して自分自身が役立つよう努力する

B 自学自習の能力（Self-Directed Learning）
　　学習者自身が，個人として，また協同的な学習集団の一環として学習活動を行うことを計画し，実行し，評価する技能と能力を発達させるという目標に向かって，学習経験を個別化すること。

クライテリオン1：**学習の計画，実行，評価への参加**（Participation in the planning, execution and evaluation of learning）
　〔具体目標〕
　　1．学習者は自分自身の要求と同じく集団の要求にも基づいて学習の計画作成に参加する
　　2．学習者は学校での活動と学校外の活動との双方の計画作成に関わりを持つ
　　3．学習者はさまざまな学習活動の実施の改善に関わりを持つ
　　4．学習者は個人的および集団的な学習過程を評価する計画の作成に参加する

クライテリオン2：**学習の個別化**（Individualization of learning）
　〔具体目標〕
　　1．学習の能力とスタイルについての個人差が考慮される
　　2．学習者の成熟度，基礎知識，関心，その他の特性が考慮される
　　3．個別化された教授・学習が実施できるよう施設・設備等が準備される
　　4．個別的な学習が可能となるよう学習内容や教材が組織される

クライテリオン3：**自学自習技能の開発**（Development of self-learning skills）
　〔具体目標〕
　　1．探求学習が奨励される
　　2．必要な技法（観察，目的的読書，ノート，分類，など）を練習する機会が準備される
　　3．学習のために多様な素材やメディア，教材を活用する機会が準備される
　　4．学習者が自分自身の学習要求をはっきりと認識し，学習目標を立てる機会が準備される
　　5．学習者が自分自身に適した学習のスタイルや手続きをはっきりと認識する機会が準備される

クライテリオン4：**相互学習技能の開発**（Development of inter-learning skills）
　〔具体目標〕
　　1．学習者は学習と教授の過程で責任を分担する
　　2．学習者が集団として学んだり遊んだりする機会が準備される
　　3．異質の人（年齢，知識，技能などの点で）とさまざまな大きさの集団として活動する機会が準備される

クライテリオン5：**自己評価と相互協力的評価の技能の開発**（Development of self-evaluation and cooperative evaluation skills）
　〔具体目標〕
　　1．学習者は評価の必要性を理解するようになる
　　2．学習者は評価システムの不可欠の一部をなすものとして自己評価を受け入れる
　　3．学習者は自己評価を補完するものとして他者からの評価を受け入れる
　　4．集団としての活動，個人としての活動が相互協力的に評価される
　　5．学習者が異なった手続きや目的の評価を経験する機会が準備される

　上記のような 6 カテゴリー 17 項目からなる自己成長性の特性を参考にして，さらに梶田氏が提案する「自己教育性」の項目を統合して新たな能力観を提案することが，これからの子どもたちの自己成長にとって必要なことであると考えました。

　その理由は，前者が小中学生にとって日常的に意識して行動することがやや難しい項目が多いことや，後者のカテゴリーが示している能力観の中に小中学生が自己成長するために参照すべき多くの人生目標が含まれていると感じたからです。

　筆者が参考にした「自己教育性」という能力は，表 2 − 2 のような 4 側面 7 視点からなっています。それらの相互関連を示すモデル図は，図 2 − 1 です。なお，第 IV 側面には具体的な視点の項目は明記されていませんが，わかりやすく表記するとすれば，「7　自信・プライド・安定性」ということになるでしょう。

表 2 − 2　自己教育性の能力モデル（梶田，1985，p.37）

I 成長・発展への志向
1　目標の感覚と意識
2　達成・向上の意欲
II 自己の対象化と統制
3　自己の認識と評価の力
4　自己統制の力
III 学習の技能と基盤
5　学び方の知識と技能
6　基礎的な知識・理解・技能
IV 自信・プライド・安定性

　「自己教育性」の能力モデルから参考にしたいところは，第 I 側面が示す「成長のための目標意識」と「向上のための意欲」，第 II 側面が示す「自己評価」と「自己統制」，そして第 IV 側面が示す「心理的安定性」です。

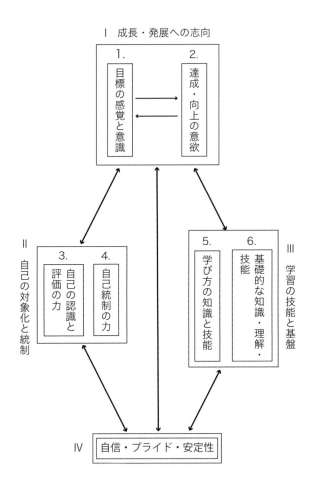

図2－1　自己教育の構えと力　― 主要な諸側面（梶田，1985，p.37）

　以上の梶田氏による 2 つの先行研究を参考にして，次のような項目作成基準を設定し，自己成長力の子ども用アンケートを作成していきました。

【自己成長力の概念構成のための項目作成基準】
- 子どもが自己評価できるわかりやすい質問項目にする
- 子どもが自己目標として意識できる質問項目にする
- 子どもが身に付ける資質・能力を意識できる項目内容にする
- 心理的傾向性よりも習慣的行動（行動目標）を項目内容にする
- 項目に回答しながら自分がすべきことを意識できる項目内容にする
- レーダーチャートで結果を可視化して自己診断ができる項目にする
- わかりやすさの視点から反転項目は入れない

　このような項目作成基準をふまえるとともに，自己成長性や自己教育性という難しい用語ではなく，子どもたちにわかりやすくて日常的によく使われている自己成長という用語に，身に付けるべき資質・能力という意義を強調するために「力」という語句を付けて，「自己成長力」という新しい造語を生み出すことにしたのです。
　こうした問題意識が筆者の 40 代後半から芽生え始め，2021 年になって一気に成長力アンケートの作成と授業アイデアの構成，その試行的な実践が実現して本書の刊行に至っています。

２．速水敏彦の自己成長力

　わが国で最も早く，自己成長力という用語を用いて概念構成を明確に行ったのは，速水敏彦氏です。速水氏は，名古屋大学教育学部の教育心理学の教授として，自己教育力という当時盛んに提案されていた概念が測定可能性の視点から見て大きすぎて曖昧であることを指摘し，新たに自己成長力という簡素化された用語を提案し，「自ら自分自身を伸ばしていこうとする力」と定義づけて，「動機づけの側面に限定した言葉と

して使用することにする」としました（速水他，1994，p.9）。

そして，この定義に基づいて，「自己成長力検査」と呼ぶ，3領域72項目からなる心理学的測定尺度を構成しました（同，pp.21-24）。この3領域とは，「能力自己成長力」「性格自己成長力」「体力自己成長力」であり，それぞれの質問項目はさらに3階層（「関心」「意欲」「遂行力」）を想定して作られています。そして，愛知県内の小学校5年生から大学4年生までの計3,900名を対象にして質問紙調査を行いました。調査結果として，自己成長力の結果における学年や性別による違いを考察しています。

速水氏の学術的貢献は，自己成長力という用語を初めて生み出して測定可能な概念構成をし，その大規模な実証的研究を行ったことにあります。他に同類の研究が行われていないことからも，独創的な研究であるといえます。

ただし筆者が設定した教育学的な項目作成基準とは異なる視点から尺度構成が行われていることや，自己成長に関わる「動機づけ」という一側面に限定していることから，実際の授業場面ではやや使いにくい質問紙です。この研究は，統計的な厳密性を担保することが大切な心理学的研究ですから，研究の目的が異なっているのは当然のことです。

速水氏らが作成した3つの領域については，筆者が本書で提案する学校教育での活用を前提とする自己成長力を育てるアクティビティーの各分野（学習場面での成長を考える，自分の長所・短所の理解と自己修正の場面を考える，スポーツ・部活などの場面での成長を考える）を子どもたちに自己選択させるための分類視点として，実際の授業場面でも役立つものです。

速水氏らの概念構成と実証研究については，田中（2010）で提案した自己成長力の初期の概念構成を行った当時には，浅学ながらその存在も論文も知らなかったというのが事実です。今，本書を書くために学び直して，速水氏らの研究の先進性に心から敬意を表します。

3. キャロル・ドゥエックの
成長志向（Growth Mindset）

　今から10年ほど前になるでしょうか。筆者が早稲田大学教職大学院に赴任して，院生たちを連れて毎年海外の学校や大学を研修のために訪問していた時のことです。

　ロンドンのある小学校で，副校長先生に授業観察のお礼に伺ったところ，執務室の壁のホワイトボードに，Growth Mindsetという言葉が書かれていて，その学校ではこれから子どもたちにこのアメリカの教育理論を実践していく計画であることを教えてもらったことがありました。成長という言葉が入っている用語でしたので，もしかするとアメリカで子どもたちの成長を支援する新しい教育理論が生まれたのではという期待が高まったのを覚えています。

　帰国してから，この用語でネット検索をすると，スタンフォード大学の心理学の教授，ドゥエック（Carol S. Dweck）氏が提唱した語であることがわかりました。その頃はまだ翻訳書も出ていませんでしたし，筆者自身，学級力の研究や学習指導要領の改訂に応じた実践研究に集中していたため，じっくりこの理論を学ぶ機会をもてないでいました。

　したがって，本書で提案する自己成長力の定義やそれを生かした子ども向けの成長力アンケートや自己成長プロジェクトの理論構築においてこの理論を直接的に参考にしたことはありませんが，グレナセミナーの後，アメリカでは着実に子どもの成長を支援する心理学理論が生まれてきていることを感慨深く思うとともに，いつか筆者の理論にも取り入れることができればと願っていました。

　今改めて，ドゥエック氏の「成長志向（Growth Mindset）」の理論を学び直してみて，それが，「人間の基本的資質は努力しだいで伸ばすことができるという信念」に基づいていることに深く共感します。

　そして，ドゥエック氏の提言，「その体験から何を学んだか，あるいは学べるか？　どうすればそれを成長に結びつけることができるか？　そう考える習慣を身につけよう。」「失敗から学び，試練を受けとめ，そ

れに立ち向かうのだ。努力を重荷と考えずに，何かを生み出す前向きな力だと考えよう。そして，行動に移そう。」（ドゥエック，2016，p.75）という言葉は，筆者の成長力アンケートと自己成長プロジェクトの基盤をなす教育観と同じものなのです。

　さらに興味深いことに，ドゥエック氏は，筆者が自己成長力の定義に入れるかどうかで最後まで悩んでいたことを，すでに著書の中で指摘しているのです。それは，成長力アンケートの領域でいえば，「周りの人と共に成長する力」です。この力は，自己成長力というよりは「相互成長力」あるいは「共成長力」とでも呼べるような力ですから，ごく最近まで自己成長力に入れるのは発展的すぎると考えていたのです。

　しかし，学校という場が社会的な相互作用によって子どもたちの成長を育む場であることから，子どもたち一人一人の自己成長が子どもたちの集団的孤立を前提にして生まれることはなく，豊かな教え合いや支え合いの人間関係の中で生まれていくことを強調することが大切だと考えて，今この領域を自己成長力の定義に入れてよかったと思っています。

　ドゥエック氏は，このことを，「友だちどうしで知恵と勇気を分かちあえば，未来に向かって踏み出そうという気持ちになれるし，良いところをほめあえば，なくしていた自信を取り戻すことができる。」と述べて強調しています（ドゥエック，2016，p.233）。

　つまり，個と集団がお互いに支え合い良い影響を及ぼし合うことで，一人一人の自己成長力が最も高まっていくのです。ですから，自己成長力を高める自己成長プロジェクトも，友だちや周りの大人の人たち，そして本の中で学べる偉人に学ぶことを大切にしているのです。

　ただし，Growth Mindset（成長志向）の理論では，子どもたちの成長をめざしていく柔軟な心的傾向といった態度面を強調しているため，具体的な授業場面での子ども主体の学びを具体的な活動レベルまで落として構想することはまだ難しいといえるでしょう。

　そのためには，例えば，ブロックとハンドレーが，著書『マインドセット学級経営』（2019）で提案しているような具体的な指導技術の蓄積が今後も必要になるでしょう。その中では，マインドセットテストを受け

ること，SMART 目標を書き出すこと，カード分類法で成長志向の特徴に気づくこと，成長をうながす計画表を書くことや，成長日記をつけることなどが提案されています。

　これらに加えて，本書の実践事例や自己成長プロジェクトの活動アイデアが，研究と実践知の蓄積につながれば，筆者として大きな喜びです。

【文献】

1　エニー・ブロック, ヘザー・ハンドレー著, 佐伯葉子訳『マインドセット学級経営』東洋館出版社，2019

2　梶田叡一『自己教育への教育』明治図書出版，1985

3　梶田叡一『生き生きした学校教育を創る』有斐閣，1982

4　キャロル・S・ドゥエック著，今西康子訳『マインドセット　「やればできる！」の研究』草思社，2016

5　田中博之『学級力が育つワークショップ学習のすすめ』金子書房，2010

6　速水敏彦・西田保・坂柳恒夫「自己成長力に関する研究」『名古屋大学教育学部紀要』41 巻，9-24，1994

第**3**章
自己成長プロジェクト
の提案

1．成長力アンケート

自己成長力のセルフアセスメント

　成長力アンケートとは，子どもたちが自分や友だちの自己成長力を主体的に伸ばすことができるように，自己成長力の7領域14項目を用いて自分自身の自己成長力をセルフアセスメントするためのアンケート用紙です。なお，子ども用にはシンプルに主旨が伝わるように，短く「成長力アンケート」と書いたアンケート用紙になっています。

　7つの領域とは，「成長しようとする力」「成長の目標をもつ力」「自分を評価する力」「自分を創る力」「友だちと共に成長する力」「自分を修正する力」「心を落ちつかせる力」です。

　このアンケートに含まれる7領域14項目を確定するために，梶田叡一が提唱した自己成長性の項目を参考にするとともに，マズローが提案する成長動機，ドゥエックが提唱する成長マインドセットの考え方，アンガーマネジメント理論，速水敏彦が作成した自己成長力の調査項目などを参考にしています。

　そして，今日の日本の小中学生の実態に応じて，わかりやすく，子どもたちの自己イメージと近い項目を作るようにしました。

　小学校高学年版アンケート（**資料3-1**）と中学校版基礎編アンケート，中学校版応用編アンケートという3種類を作成しています（2022年12月時点）。学校のニーズに応じて，小学校中学年版アンケートを作成して授業での活用を通して実用化していきたいと考えています。

資料 3 - 1　成長力アンケート（小学校高学年版）

ver.1.1

成長力アンケート

| 年 | 組 | 番 |

名前

第　回　（　月）

小学校高学年版

◎　このアンケートは、自分が成長していくために大切な力を身に付けているかどうかを自分でふり返るためのものです。それぞれの項目の４〜１の数字のあてはまるところに、一つずつ○をつけましょう。学校の成績とは関係ありませんから、ありのままを答えてください。

４：とてもあてはまる　３：少しあてはまる　２：あまりあてはまらない　１：まったくあてはまらない

成長しようとする力

①向上　自分にいろいろな力をつけて成長したいと思っています。　　　　　　４－３－２－１

②模範　偉人や尊敬する人の生き方に学んで、自分に生かしています。　　　　４－３－２－１

成長の目標をもつ力

③目標　自分のことについて、のばしたいところやがんばりたい目標があります。　４－３－２－１

④夢　　私にはしょうらいの夢ややってみたい仕事があります。　　　　　　　４－３－２－１

自分を評価する力

⑤理解　自分の長所や短所、とくいなことやにがてなことがわかっています。　４－３－２－１

⑥評価　自分はこれまで成長してきただろうかと、ふり返っています。　　　　４－３－２－１

自分を創る力

⑦改善　いつも学習のしかたや生活のしかたを、よりよくしようと努力しています。　４－３－２－１

⑧行動　自分の目標をたっせいしたり夢をかなえたりするために行動しています。　４－３－２－１

友だちと共に成長する力

⑨協力　友だちとともに成長できるように、協力したり励まし合ったりしています。　４－３－２－１

⑩学び　友だちの生き方や友だちからもらったアドバイスに学んでいます。　　４－３－２－１

自分を修正する力

⑪注意　同じ失敗やまちがいをしないように注意しています。　　　　　　　　４－３－２－１

⑫努力　自分の短所や苦手なことをなくすために努力しています。　　　　　　４－３－２－１

心を落ちつかせる力

⑬安定　イライラしたり心配したりしても、静かに心を落ちつけられます。　　４－３－２－１

⑭元気　失敗したりまちがえたりしても、また元気になってがんばることができます。　４－３－２－１

※巻末（pp.193~195）に，３種類のアンケートを全て掲載。それぞれのアンケートと次に解説するレーダーチャート作成ソフトのファイルは，本書の「ダウンロードサイト」からダウンロード可。ご活用ください。

アンケート実施にあたって

　学年によって異なりますが，アンケート実施の初回では子どもたちは初めて新しい項目を見ることになるので，教師からの説明も入れながら回答するのに 15 分ほど時間がかかります。しかし，2回目以降は5分程度でつけられるので，それほどの負担にはなりません。

　また，実践事例にあるように，成長力アンケートを，Google フォームなどを使ってオンライン版アンケートにして，タブレットなどの一人1台端末を用いて入力するようにすれば，アンケート結果が瞬時にレーダーチャートになって画面上に表示されるので，子どもたちにとっては学習意欲が高まり，教師にとっては集計の負担がなくなり実践がしやすくなるというメリットがあります。

　できれば，学期に2回程度，成長力アンケートを実施して，その変容をレーダーチャートで診断し，次の学期での自己成長の取組につなげるようにするとよいでしょう。あまりアンケートの実施回数が多いと，子どもたちに飽きが生じて成長動機が下がってしまうことになりますので注意が必要です。

評価セッション～自己成長を振り返り，目標を考える

　アンケート結果を成長力レーダーチャートにして可視化して，自分の成長を自己評価したり友だちの成長を励ましたりする時間を，特別活動や総合的な学習の時間に設定するようにします。こうした自己成長を振り返ったり次の自己成長の目標や取組を考えたりする時間のことを，本書では「評価セッション」と呼んでいます。

　また，10 時間ほどのプロジェクト型の評価セッションのことを，「自己成長プロジェクト」と呼び，その単元モデルを以下に提案しました。

　本書の第4章以降では，具体的な評価セッションの在り方を先進的な実践事例の解説をもとにして紹介していますので参考にしてください。

2．成長力レーダーチャート

　成長力レーダーチャートとは，子どもたちが回答した成長力アンケートの結果を子どもたちにわかりやすく可視化するために，エクセルを用いたレーダーチャート作成ソフトに回答結果を入力して，領域ごとにクモの巣グラフの形にして描かれるレーダーチャートのことです。

　子どもたちには，シンプルに，「集計シート」という名前を付けて示しています。また例えば，Google スプレッドシートなどのアプリを使って，子どもたちがタブレットで入力した回答をもとにオンライン版成長力レーダーチャートを自動で表すオンライン版成長力レーダーチャート作成ソフトを作成・活用することもできます。

　オンライン版成長力アンケートもオンライン版成長力レーダーチャート作成ソフトも，各学校に配置されている ICT 支援員の協力が得られれば，かなり容易に作成していただけますのでお薦めします。

資料3－2　成長力レーダーチャート作成ソフトの画面

年間を通した変容を可視化

　資料３－２の画面（成長力自己評価シート）の左下にあるレーダーチャートには，成長力アンケートに回答した児童生徒個人の領域別点数が表示されています。また，右下のレーダーチャートには，アンケートに回答した学級の児童生徒全員分の領域別平均値が表示されています。両者を比較してみることで，自分の成長力の特徴を俯瞰的にとらえることができますが，デメリットとして自分を過小評価したり自信を失ったりすることになる場合があるので，個人レーダーチャートと学級レーダーチャートを比較する活動はしないでおくこともできます。どうするかは，それぞれの学級担任の先生のご判断にゆだねたいと思います。

　興味深いことに，どの学級でも一人一人の子どものレーダーチャートは，その形状も大きさも大きく異なっています。また，学級が違えば，それぞれの学級単位での成長力レーダーチャートの形状も大きさも異なってくるのです。つまり，子どもたちの実態として，自己成長力の育ちの状況は多種多様であり，そのため，それぞれの子どもが取り組むべき成長力向上のための取組例（スマイルアクション）の優先順位も異なってきます。

　さらに，成長力自己評価シートには，右上に４回分の回答結果が表示されていますので，自分や学級の自己成長力の年間を通した変容を継続的に見られるようになっています。カラープリンターがあれば，レーダーチャートに複数回の回答結果が色違いの実線で描かれるようになっていますから，子どもたちは自分の自己成長力が高まっているのか伸び悩んでいるのか，低下しているのかをとらえやすくなっています。

　授業中には，実践事例にあるように「成長力分析ワークシート」などを作って，子どもたちが自己成長の過程を見つめ振り返り，新たな成長プランを作成して実行していけるよう，年間を見通した継続的な実践に取り組むようにしてください。

　大切な学習原理は，子どもたちがアンケート結果を客観的に診断することで，自分自身の自己成長力の状況とその変容を意識し，さらなる自己成長を創り出していこうとする積極的な態度を育てることです。つま

り，継続的な自己意識が自己成長をうながすのです。そのために，客観的な診断と継続的な意識化を支援する判断ツールが，成長力アンケートと成長力レーダーチャートです。

R-PDCA サイクルの自己成長プロジェクト

　なお，このようにして自己成長力を子どもたちが自己診断と自己改善を繰り返して主体的に伸ばしていくプロジェクト学習の在り方の基本型は，すでに筆者らが開発した『学級力向上プロジェクト』（田中，2013）で提案したものです。

　つまり，自己成長プロジェクトは，「学級力向上プロジェクト」がもつ子ども主体の改善志向的な学習の特徴である，①子どもたちがセルフアセスメントを行う，②アセスメント結果を子どもたちが見て自己診断をする，③子どもたちが改善計画を立案し実行する，④再び自己診断を行い自己の成長を評価する，⑤子どもたちが新たな改善計画を立案し実行する，という R-PDCA サイクルのステップを備えた意図的・計画的な自己成長学習になっているのです。

３．具 体 的 な 活 用 法

　まず考えたいのは，学校カリキュラムの中で，どの教科・領域で自己成長学習を実践すればよいかということです。ここでお薦めしたいのは，4つです。解説する全ての教科・領域で網羅的に実践する必要はありません。各学校の判断で1つを選ぶとともに，必要であれば教科等横断的なカリキュラム編成を通して，複数の教科・領域で実践することも可能です。

　なお，自己成長プロジェクトの実践は，理論的に次に述べるように，R-PDCA サイクルに基づく修正・改善サイクルに沿って行うものですから，基本的には特別活動や総合的な学習の時間で子どもたちがこのサイクルにしっかりと取り組めるようにしましょう。

① 生活科

② 特別活動

③ 道徳科

④ 総合的な学習の時間

① 生活科

　子どもたちが自己成長について考えるのにふさわしい教科として，まず小学校の生活科があげられます。生活科は，いわゆる「成長単元」と呼ばれる単元が年度末に位置付けられていて，「自分自身を見つめることを通して，自分の生活や成長，身近な人々の支えについて考えることができ，自分のよさや可能性に気付き，意欲と自信をもって生活するようにする。」という目標が定められています。

　内容としては，〔自分自身の生活や成長に関する内容〕という領域として，「自分自身の生活や成長を振り返る活動を通して，自分のことや支えてくれた人々について考えることができ，自分が大きくなったこと，自分でできるようになったこと，役割が増えたことなどが分かるとともに，これまでの生活や成長を支えてくれた人々に感謝の気持ちをもち，これからの成長への願いをもって，意欲的に生活しようとする。」(小学校学習指導要領生活科) ことが求められています。

　まさに生活科は，子どもたちの自己成長をうながし子どもたち自ら自己成長力を身に付ける教科であるといえるのです。

　しかも，1988年に中央教育審議会で生活科の答申を出した時の座長は，筆者が本書で対談させていただいた梶田叡一先生であったのですから，それ以来梶田先生が願っていた「生活科で組み入れた成長という考え方を小学校中学年以降の総合的な学習の時間につなげていきたい」という思いを，筆者が少しでもかなえられたとすれば大きな喜びです。

　ただし，生活科が対象とする小学校低学年の子どもたちのための成長力アンケートはまだ開発されていませんので，生活科では，すでにある成長単元を実施することや，学年の途中で自己成長発表会という中間評価の段階を設定することになります (**第6章事例9：p.126参照**)。

②　特別活動

　特別活動ではどこに自己成長という概念が位置付けられているでしょうか。

　小学校学習指導要領特別活動の内容領域（2）「日常の生活や学習への適応と自己の成長及び健康安全」があり，その中で，解説特別活動編では「特別活動における集団活動の指導に当たっては，『いじめ』や『不登校』等の未然防止等も踏まえ，児童一人一人を尊重し，児童が互いのよさや可能性を発揮し，生かし，伸ばし合うなど，よりよく成長し合えるような集団活動として展開しなければならない。」と定められています。このことから，内容領域（2）イ「よりよい人間関係の形成」における「学級や学校の生活において互いのよさを見付け，違いを尊重し合い，仲よくしたり信頼し合ったりして生活すること。」において，まさに集団生活における自己成長を協働的な学びとして実践していくことの大切さを指摘していると考えることができます。

　さらに，「学級での話合いを生かして自己の課題の解決及び将来の生き方を描くために意思決定して実践したりすることに，自主的，実践的に取り組むこと」という学級活動の目標で述べられている「自己の課題の解決」とは，内容領域（2）と関連づけながら実践することを通して，自己成長に関わる自己の課題の解決と解釈することが大切です。

　より具体的には，「解説」において，自己の課題の解決については，「例えば，児童が話合い活動を通して共通する課題が何かを見いだすこと，一人一人の課題の原因や解決しなければならない理由や背景などをさぐること，多様な視点から解決方法を考えて見付けること，自己の具体的な実践課題を意思決定し，粘り強く努力することなどである。」（p.44）とされ，まさに本書で提案している自己成長プロジェクトの特徴がそのまま述べられているといえるほどです。

　また，同解説には，キャリアパスポートの作成を通して，「児童自身が自己の成長や変容を把握し，主体的な学びの実現や今後の生活の改善に生かしたり，将来の生き方を考えたりする活動が求められる。」（p.59）とあり，自己成長プロジェクトと同様の観点を示しているのです。

また，事前の活動と事後の活動を含めて，学級活動（2）における課題解決的な学習のプロセスが示されていることからも自己成長プロジェクトと親和性があることがわかります（図3－1）。

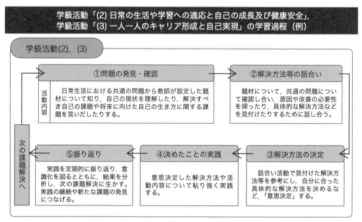

図3－1　学級活動（2）及び（3）の活動系列モデル
（小学校学習指導要領解説特別活動編，p.46）

　さらに，学級活動（2）においては，同解説（p.74）に，具体的な指導過程の例が図解されていて，「問題の発見・確認（事前の活動）」「話合い〜意思決定（本時の活動）」「実践〜振り返り（事後の活動）」という3段階ステップを踏みながら，生活・学習への適応と自己成長などを生み出すことを明確に示しています（図3－2）。

　ここで注目すべきことは，本時の活動である話合いと意思決定を行う段階の最初の活動として位置付けられている「課題の把握」において，「アンケートや調査結果を活用し，自分自身の課題として捉えられるようにする」という具体的なめあてが示されていることです。

　さらにこの指導過程には，「個人目標の意思決定」や「決めたことの実践」「振り返り」までを含んでいますから，まさに本書で提案している自己成長プロジェクトと親和性が高いのです。

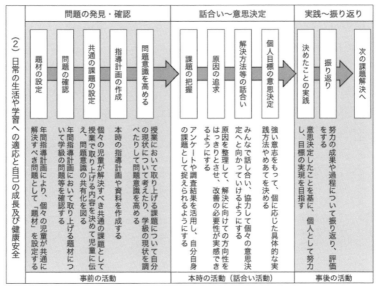

図３－２　学級活動「(2) 日常の生活や学習への適応と自己の成長及び健康安全」
における指導過程の例（小学校学習指導要領解説特別活動編, p.74）

　ここで推奨されているアンケートや調査結果は，同解説で次のように
述べられていて，子どもたちが，自己の学習適応や自己成長に関わる問
題状況を理解したり，解決方法を考えたりするために活用するものとさ
れています。

　「各内容に即した問題の状況や原因を理解するための各種の調査結果，
解決の方法を理解するための必要な情報，解決方法を見定めるための多
様な事例などが考えられる。これらの教材や資料については，各学級の
実態に即して学級で作成することが多いが，学校として作成して，共有
できるようにすることも考えられる。」(p.69)

　また，問題解決のためにアンケート調査を実施することに加えて，次
のように，問題状況やその原因を理解したり解決方法を考案したりする

ために行う話合い活動の司会進行を子どもにゆだねるなど子どもたちの自主的な取組を推奨していることも，本書で提案している自己成長プロジェクトの精神や手法と大きく重なるものであるといえるのです。

　「題材によって，問題の意識化につなげるアンケート調査や，話合いの進行など，児童の自主的，実践的な活動を組み合わせて行う方法も考えられる。」（p.71）

　小学校学習指導要領解説特別活動編の記載事項を具体的に見てみると，子ども主体の自己成長プロジェクトの基本特性と子どもたちが継続的に取り組んでいく成長力アンケートの結果の可視化という考え方が，特別活動の取組としてふさわしいものであることがわかります。

③　道徳科
　3つめの教科・領域として，道徳科をあげておきたいと思います。
　道徳科には，自己成長力と関係のある内容項目として，「向上心」「個性の伸長」「よりよく生きる喜び」などがあります。「成長」という内容項目はありませんので，発展的に関連付ける道徳的価値として「成長」というキーワードを子どもたちに示したり，子どもたちの発言や記述内容から取り上げて共有したりしていくとよいでしょう。
　道徳科においても自己成長について深く自分を見つめて考えることができるように，小学校高学年や中学校の内容項目として，次期学習指導要領の改訂においてぜひとも加えていただきたいと願っています。
　現行でも内容の取扱いにおいて，「自らを振り返って成長を実感したり，これからの課題や目標を見付けたりすることができるよう工夫すること」（p.151）というように，「成長」という用語があります。
　具体的には，道徳科での実践の慣習となっている1単位時間で1つの教材を用いて1つの内容項目を扱うという取組では，子どもたちに自己成長という道徳的価値について深く理解したり，その在り方を多面的・多角的に深くとらえたりすることは難しいため，できれば，学習指導要

領で規定されているように，「一つの内容項目を複数の時間で扱う指導
を取り入れるなどの工夫を行うものとする」とあるように，2時間小単
元を構成して，1時間目は教科書教材を用いた習得型の授業で派生的に
「自己成長」について考える場を設定し，2時間目に習得した道徳的価
値の理解を活用して，自分や友だち，そして家族の自己成長に関わる体
験をもとにして，これまでの自己成長とこれからの自己成長を連続して
とらえ，これからの自己成長において大切になる価値や道徳的心情につ
いて考えるとともに，望ましい自己成長の在り方への実践意欲をもつ場
面を設定することが考えられます。

※具体的な実践事例は，本書第4～7章の実践事例参照
※2時間小単元の構成については，文献4参照

④　総合的な学習の時間

　総合的な学習の時間は，自己成長プロジェクトという実践の名称が示
すように，自己成長という探究課題に基づく課題解決的な学習を行う場
として最もふさわしい時間であるといえます。自己成長というテーマは，
総合的な学習の時間では，「児童の興味・関心に基づく課題」として位
置付けることができます。また，学習指導要領で示す探究のプロセスで
ある，「課題の設定」「資料の収集」「整理・分析」「まとめ・表現」とい
うステップを踏むことを基本としながら，自己成長プロジェクトでは，
自己成長について本格的に考え，対話し，主体的に自己変容を生み出そ
うとする学習が可能です。授業時間の保障という点でも，自己成長プロ
ジェクトの実践のために魅力的な領域です。

　この他にも，家庭科では内容領域A(1)に，「自分の成長と家族・家
庭生活」という内容が規定されていますし，国語科では自分成長物語を
書いたり自分の夢を書いたりする単元があります。これらの教科で自己
成長学習を実践する意義は大きいと思います。
　ここで紹介した教科・領域の小学校学習指導要領の記載は，中学校学
習指導要領においても入っています。

4．自己成長プロジェクトのすすめ

　自己成長プロジェクトは，成長力アンケートの結果をもとにして，子どもたちが自分の成長力の達成状況を診断しながら，これからの自分の成長をどうデザインしどう実現していくのかを絶えず検証し，自己改善を繰り返しながら新しい自分を作り出していく自己創造的な学習のことです。

　自己変容をうながす R-PDCA サイクルに沿って自己成長を進めていくことから，年間で 5 〜 10 時間程度の学習時間を必要とします。そのため理想的には本格的な自己成長プロジェクトは，小学校 3 年生以上の総合的な学習の時間で実施することが必要です。

　しかし学習内容が過密になっている現在の学習指導要領の下では，必ずしも完全な実施形態を望むことは簡単ではないでしょうから，生活科や国語科，道徳科，特別活動などのそれぞれの教科・領域において，1 時間であっても実施していくことを期待したいところです。

　子どもたちの自己成長という統一テーマで，いくつかの教科・領域で 1 時間単元を設定して，教科等横断的なカリキュラム編成をすることで，多くの自己成長プロジェクトが実施されることを望みます。

自己成長プロジェクトの基本的な特徴

　自己成長プロジェクトは，自己成長の在り方に関する知識を学ぶことよりも，学校や家庭，地域などの多くの場面で自己成長を継続的に達成していく体験的・創造的な学習です。自己成長プロジェクトには次のような 5 つの特徴があります。それぞれの特徴をしっかりとふまえて，効果的なプロジェクト学習が行われるように工夫してください。

【自己成長プロジェクト　5つの基本特性】
① 　自己理解に基づいて自己改善と自己創造をうながす
② 　R-PDCA サイクルに沿って，自己診断と成果検証を継続していく
③ 　自己診断のために成長力アンケートの結果を可視化する
④ 　個々人の自己成長をグループや学級全体で認め合い励まし合う

⑤　教科横断的・学年縦断的にカリキュラム編成をして学ぶ

　５つの基本特性をそなえたプロジェクト学習をフルコースメニューとして実施するためには，総合的な学習の時間が必要ですが，例えば，教科等横断的な視点から，生活科では身に付けた資質・能力を成長発表会という形式にして発表する機会を設定したり，国語科の書くことや話すことの単元で，自分の成長や将来の夢について表現する場面を設けたり，道徳科で自己成長に不可欠な向上心や個性の伸長などの道徳的諸価値について多面的に深く考える時間を生み出すなど，１時間ずつのきめ細かな配慮が大切になります。

R-PDCA サイクルに沿って

　５つの基本特性の中でも特に重要なポイントは，R-PDCA サイクルに沿って子どもたちが主体的・協働的に自己成長を継続的に生み出していくようにすることです。

　R-PDCA サイクルモデルは，筆者が座長を務めた総合学力研究会（ベネッセ総合教育研究所内に設置）が 2007 年にわが国で初めて提案したもので，当初は各学校が自校の学力調査の結果を診断した上で学力向上の方針を立てて具体的にそれを実施し，その効果検証をしてさらに授業改善を継続していくことをうながすための実践モデルでした。

　それまでは，PDCA サイクルが標準的な行動変容・改善モデルとしてよく採用されていましたが，その旧式のモデルでは行動計画を立てる際に，自己または組織のエビデンスに基づく実証的な実態把握をせずに，流行や慣習，経験だけで実践計画を立てていたことが大きな問題になっていました。自分自身や組織の実態，個々の長所と短所にしっかりと向き合い，それに応じた効果的な行動計画を立てないままでは，その行動や実践の効果も半減してしまうという問題意識をもっていたのです。

　R-PDCA は，R ＝ Research（実態把握），P ＝ Plan（計画立案），D ＝ Do（実践），C ＝ Check（中間評価），A ＝ Action（改善）というステップから成り立っています（表３－１）。

表3-1　自己成長プロジェクトのR-PDCAサイクルモデル

	ステップの名称	ステップでの学習活動	身に付ける資質・能力
R	実態把握，診断	• なりたい自分のイメージマップ作成 • 成長力アンケートの実施 • 成長力レーダーチャートの診断	• 自己分析力 • 自己理解力 • 自己診断力
P	計画立案	• 自己成長の目標設定 • 目標達成のための行動計画の立案	• 自己創造力 • 行動計画力
D	実践	• 行動計画の実践 • 実践の記録	• 自己創造力 • 計画実践力
C	中間評価	• これまでの実践の振り返り • 成長力アンケートの実施 • 成長力レーダーチャートの診断	• 自己評価力 • 自己診断力 • 自己理解力
A	改善	• 自己改善の具体的な行動計画の立案 • 行動計画の実践	• 自己修正力 • 自己改善力

　自己成長プロジェクトは，5つのステップを特別活動や総合的な学習の時間で学期に1サイクル回して学習の充実を図ることをお薦めしますが，各学校の事情によって教科等横断的なカリキュラム編成を実施するなどの工夫をして取り組んでみてください。

子どもたちにアンケート結果を可視化し実践へつなげる

　もう1つ重要な基本特性は，「エビデンスに基づく実態把握」という観点を子どもの視点からとらえて，自分の成長の状況を自己評価して診断するために成長力アンケートの結果をレーダーチャートにして子どもたちに可視化するということです。

　現在，子どもたちは学校で多くのアンケート調査に答えていますが，どれも自己評価した結果を返してはくれません。例えば，いじめ実態調査，生活学習アンケート，授業評価アンケート，自尊感情アンケート，学級風土調査などの結果は先生たちだけが見ることを許されていて，子どもたちには結果のフィードバックがないため，子どもたちはアンケートに回答したメリットを感じられないのです。重篤ないじめの回答をした場合にだけ，学級担任の先生から面談を受けることがあるくらいです。

　ほとんどの場合で，子どもたちはアンケートのそれぞれの項目に低い評価を付けたとしても，先生たちからは放っておかれるのです。アンケートに答えたことで，自分の自尊感情が高まる授業も，学級がよくなる取組も，自分の生活や学習がよくなる授業も増えたという実感のある子どもたちは残念ながら少ないでしょう。

　しかし，自己成長プロジェクトでは，成長力アンケートの結果はタブレットを使えば授業中にすぐにレーダーチャートにして見ることができます。学級担任の先生がエクセルの専用ソフトに入力する場合でも，遅くとも翌日には子どもたちは成長力レーダーチャートの形でアンケートの結果を見ることができます。つまり，セルフアセスメントの結果を即時的に可視化することで，子どもたちは自分事として自己成長を友だちと協働的に進めていくことができるのです。

友だちとレーダーチャートを
見合っている

タブレットに表示された
レーダーチャートを
分析している

こうした子どもたちのセルフアセスメントを基盤においたプロジェクト学習の実践例として，学級力向上プロジェクトや家庭学習パワーアップ作戦などの取組がありますので，併せて参考にしてください（文献2・3参照）。

5．授業化アイデア例

それでは，自己成長プロジェクトで実施する具体的な活動アイデアを紹介しましょう。

自己成長プロジェクトでは，成長力アンケートに回答して成長力レーダーチャートの分析・診断を行うことだけが学習内容ではありません。

プロジェクト学習の中心になるのは，R-PDCAサイクルの5つのステップとして，Rで実態把握や自己診断をすることやPで自己成長を生み出す実践の計画を立てること，Cの中間評価で成長力アンケートに再び回答したりすることです。

しかし，Dの実践・行動の段階やAの改善の段階に含まれる子ども主体の活動は，必ずしも特別活動や総合的な学習の時間で行われるとは限りません。例えば，ふだんの授業の中で自己を律する活動を継続したり，学校行事の中で目的をもった活動に取り組んだり，休み時間や登下校時に行ったりする場合もあります。

また，総合的な学習の時間や特別活動のように，プロジェクト学習の実践にまとまった時間が取れる領域ではなく，道徳科や国語科での学習活動のように，プロジェクトを補完しその効果を高めるための教科等横断的な活動を設定する場合も多くあります。

そのためここでは，1〜数時間の小単元で実施できる，自己成長力を高める活動アイデアを整理して紹介しましょう。

各項目の名称からイメージをふくらませて授業づくりに活かしていただければ幸いです。今後は，各活動を取り入れた単元の開発を行っていきたいと思います。

自 己 成 長 力 を 伸 ば す 活 動 ア イ デ ア

① 成長動機を伸ばす

- **こつこつトライ**

  毎日少しずつ取り組める読書，ドリル練習，ランニング，楽器演奏など簡単な努力やチャレンジを決めて，その進捗状況や達成状況を１か月程度記録に付け成果をお祝いする。

- **苦手チャレンジ**

  自分にとって苦手な勉強や運動，もっと上手になりたい趣味や習い事などから達成目標を決めて，定期的に努力を重ねていき，その様子を自己評価カードに付けるとともに成果をお祝いする。

- **伝記を読む**

  自分が尊敬する偉人を選んでその人の伝記を読み，そこから自分に生かせる生き方や考え方を学ぶとともに，偉人の名言を書き写してその意味を深く考えて友だちと意見交流をする。

- **名言を学んで座右の銘を作ろう！**

  偉人が残した名言集の本を読んだり，ネット検索をして名言について調べたりして，尊敬する生き方を具体的に学び，これからの自分の生き方に反映させた座右の銘を自分の言葉で作り，友だちと交流する。

- **壁を乗り越えたお話**

  地域の人や家族から子ども時代にどのような成長の壁にぶつかりどのようにしてそれを乗り越えたのかをインタビューして，人間としてのたくましい生き方に学ぶとともに，自分も壁を乗り越えた経験を書いて交流する。

- **自己成長発表会をしよう！**

  これまでの小学生・中学生時代を振り返り，自分の成長を見つめるとともに，これからどのような成長をしていきたいかを，学習面や運動面，家族との関わり，友だちとの人間関係などについて多面的に考えて発表する。

- サークルタイム「成長するってどんなこと？」

　子どもたちが輪になって椅子に座ったり床に座ったりして，「成長するってどんなこと？」というテーマに沿って，柔らかいボールを転がしたり渡したりして自由に意見を交流して自分の考えを深めるために話し合う。

- 成長の詩を作ろう

　成長とは何なのか？　成長するためには何が必要か？　夢の実現のためにどんな成長をしていくべきか？　といった成長に関わる問いを設定して，それに対して自分の言葉で答えていく元気の出る詩を創作して味わい合う。

- 私の自慢発表会

　外国語活動の「ショーアンドテル」のように，自分の自慢のものや出来事を具体的に見せたり話したりして紹介し合い，そのことと自分のこれまでの成長を関連づけるとともに，これからのさらなる自己成長を思い描く。

② 成長目標を設定する

- 目標づくり

　自分が日々取り組んでいる学習や運動，習い事，趣味，資格取得などの面や，これから新しく取り組んでみたいことについて，長期的または短期的な達成目標を立てて，日々の取り組みを通して振り返る。

- 将来の夢マップ

　自分が将来なりたい人物やしてみたい仕事を決めて，自分を中心に置いたウェビングマップを描くことを通して，将来の夢の可能性を広げてみたり，その実現のために必要な自己成長の在り方を構想してみたりする。

- 偉人分析をしよう

　偉人の伝記を読んだり，ネット検索で偉人の人生を調べたりして，その人の年表を作るとともに生き方に学び，偉人が自分の夢を達成するためにどのような自己成長を生み出していったのかについて整理して

生かす。

- **成長通知表を付けよう**

　　自分の成長の様子を，成長力アンケートの結果を診断することを通して具体的に振り返り，「自分から自分に通知表を付けよう」というめあてをもって自己評価と自己成長を関わらせながら成長をうながすようにする。

- **お正月の誓いを立てよう**

　　「一年の計は元旦にあり」ということわざの意味を理解して，4 ～ 12月までの自己成長の様子を振り返るとともに，今年の1年間の自己目標を設定して短冊に書き，具体的なチャレンジを宣言する。

- **成長はがき新聞を書こう**

　　はがき新聞に，成長力レーダーチャートの変化の様子の振り返りを書くとともに，学校行事や学校での学習，家庭での学習の様子を振り返って，これからの自己成長の展望と自己宣言を書いて発表し友だちと交流する。

③　自分を理解し評価する

- **振り返りチェックシートを付けよう**

　　自分が決めた成長目標の達成状況や実践履歴の記録を定期的に付けて，自己成長を継続的に振り返ることを通して，自分の苦手や不得意なこと，さらに実践意欲が湧かない理由やその解決方法などを考えるようにする。

- **自分チェックシートを付けよう**

　　各学期でがんばりたいことを3つ決めて，毎週できたかどうかをチェックする一覧表「自分チェックシート」で振り返り，自己成長目標を達成しようとする意欲を高めるとともに習慣づけを図るようにする。

- **自分発見ウェビングをしてみよう**

　　自分の顔写真を中央に貼り，その周りに，自分の長所や短所，得意なことや苦手なこと，将来の夢や希望，好きなものや嫌いなものをウェビングの形式で整理して書き込んでいき自己理解をもつようにする。

- **自分の似顔絵を描こう**

  自分の似顔絵を画用紙の中央に描き，その周りに，自分の長所や短所，得意なことや苦手なこと，将来の夢や希望，好きなものや嫌いなものをウェビングの形式で整理して書き込んでいき自己理解をもつようにする。

- **成長の随筆を書こう**

  自分とは何か？　何をするために生まれてきたのか？　これまでどんな自己成長があったのか？　これまで自己成長を果たす上でお世話になった人は誰か？　といった問いに答えて将来の成長宣言をする随筆を書いて交流する。

- **自己成長アルバムを作ろう**

  これまでの成長の過程を写真や資料で振り返るページやこれからの自己成長の夢を語るページ，自分の成長を支えてくれた人への感謝の思いを綴るページなどを作って「自己成長アルバム」にして発表する。

④　自分を創る

- **毎日自分ほめほめコメント**

  今日1日の自分を振り返って，どんな小さなことでも自分をほめたいと思うことを1つコメントシートに書いて，そのわけやそれがだれかを幸せにしたかどうかについて振り返り，友だちと交流して認め合う。

- **新しいことにチャレンジ**

  これまで自分としては全くやっていなかったこと，取り組んでこなかったことの中から，どんな小さなことでも1つ選んで，それを継続的に実践していくとともに，実践記録を付けて振り返り，次のチャレンジにつなげる。

- **できたことヒストリー**

  今日までの3年間ほどを振り返って，学習面や運動面，お手伝い，ボランティア活動などで，達成してきたことやできるようになったことを時系列に列挙して，自己成長の達成感を味わうとともに友だちと認め合う。

- **向上心って何だろう？**

  「向上心って何だろう？」という課題を設定し，辞書や本，インターネットで調べたり，大人や先生にインタビューして探ったり，友だちにアンケートをして調べたりして，自分なりの答えを見つけて交流する。

⑤　**自分を修正する**

- **「素直に反省」カードを書こう**

  最近の自分の考えや行動で，反省すべきことを自己判断して，その原因や反省点，改善すべき点をカードに書き出し，素直に反省し，今後の行動において注意すべきことを書き留めて，時々そのカードを読み直すようにする。

- **短所発見がんばりシートを付けよう**

  人間誰もにある短所を自分で１つ見つけて，それを直したり改善するための努力の在り方をワークシートに書き留めて，これからの生き方や行動の仕方を宣言し，友だちと交流しながら励まし合うようにする。

- **失敗は成長のもと！**

  「失敗は成長のもと！」という生き方の原理を深く理解するとともに，自分のこれまでの失敗をいくつか列挙して，それが起きたことを嘆くのではなく，これからの成長によって同じ失敗を繰り返さないように決意する。

- **心の中から○○虫を追い出そう！**

  自分の心の奥深くに住んでいる，弱虫，泣き虫，怒り虫，イライラ虫，怠け虫を見つけてイラストに描き，その正体を具体的に突き止め，それを撃退する方法を自分なりに考えて実行計画をたて実践する。

- **人間の成長を止めるものは何？**

  自己成長をしたいと考えても，それを妨げる怒りやねたみ，イライラ，不安，怠け心，自己逃避，虚栄心，虚言癖などがあることを理解し，その上で，そうしたネガティブな感情を少しでもコントロールしようとする。

⑥　周りの人から学ぶ

・ 友だちウェビングマップを作ろう

クラスの友だちを一人選んで，その人の長所や学ぶべきところを，ウェ
ビングマップの形式で書き出して友だちに渡すとともに，自分の生き
方や長所として生かしたいことをワークシートに書いて自己成長を決
意する。

・ 友だちほめほめカードを送ろう

友だちのよいところや長所を１つカードに書いて，ほめほめ言葉を添
えてプレゼントするとともに，自分がもらったカードを読んで，さら
にこれからもっと自分を成長させて増やしたい長所をノートに書いて
決意する。

・ 長所まねっこ１週間チャレンジ

「友だちほめほめカード」に書いた友だちの長所を自分でも真似して
みることをめあてとして，その実現のための具体的な行動計画を作成
し，１週間毎日どのように行動できたかを記録して自己成長に生かす。

・ 友だちにインタビュー　成長したのはどんな時？

数名の友だちに，「成長したのはどんな時？」という質問を投げかけ
てインタビューすることを通して，望ましい努力のし方，反省のし方，
目標の立て方，参考になった本などを明らかにして自分の成長に生か
す。

・ 大人の人にインタビュー　成長したのはどんな時？

数名の大人に，「成長したのはどんな時？」という質問を投げかけてイ
ンタビューすることを通して，望ましい努力のし方，反省のし方，目
標の立て方，参考になった本などを明らかにして自分の成長に生かす。

・ 私のロールモデルを紹介

生き方の参考にした偉人やスポーツ選手，歌手，学者，政治家，医療
従事者，家族，親戚，学校の先生，スポーツクラブのコーチや先輩，
部活の先輩などから一人を選び，その人の成長の様子を紹介して自分
に生かす。

⑦　心を落ち着かせる

• 気分転換エクササイズをしよう

　不安になった時や心配になった時，くよくよしたり自信をなくした時，悩んでいる時に，ポジティブで前向きな気持ちを取り戻して元気になる簡単なエクササイズのし方を学んで，日常の生活に生かすようにする。

• 気持ち切り替えじゅもんを唱えよう

　ネガティブな気持ちになっている時に，元気をとりもどすための呪文を考えておいて実行し，その効果を記録してできる限り自分の心をコントロールする力を身に付ける。

• 自分の好きなもの紹介

　イライラを解消したり，集中できない時に気分転換したり，少しリラックスして気分を落ち着けたりする時に，実践したり考えたりすると効果的な「自分の好きなもの」を決めて，日常の生活に生かすようにする。

• 今週のハッピーさんプロジェクト

　今週のハッピーさんを一人くじ引きで決めて，その週はクラスのみんながその人のためになることを実行し，みんなから大切にされていることを実感して幸せになるようにクラス全体で取り組む。

【文献】

1　田中博之・木原俊行・大野裕巳監修『学力向上ハンドブック』ベネッセ教育研究開発センター，2007

2　田中博之編著『学級力向上プロジェクト』金子書房，2013

3　田中博之編著『小・中学校の家庭学習アイデアブック』明治図書出版，2017

4　田中博之・梅澤泉・彦田泰輔『「考え，議論する」道徳ワークショップ』明治図書出版，2017

5　田中博之『「主体的・対話的で深い学び」学習評価の手引き』教育開発研究所，2020

対　談

自己を育てる教育の在り方とは？

梶田叡一 × 田中博之

恩師である梶田叡一先生に，子どもの自己成長をうながす教育の
在り方についてお聞きした。これからの学校において，自己成長
性を育てることの大切さを説いてくださり，懐かしくも貴重な対
談となった。

グレナセミナーでのブルーム理論との
出会い

田中　私と梶田先生との出会いは，今から 40 年くらい前，梶田先生が
　　　40 代はじめ頃だったでしょうか。私が大阪大学の学部生の時，梶
　　　田先生が阪大に来てくださいました。私がゼミの選択に迷っていた
　　　時に，「うちに来なさい」と声をかけてくださったんですよね。
　　　　先生のご専門は心理学や哲学ですが，当時は静岡大学附属浜松中

学校などによく足を運ばれ，学校の教育に関わっておられました。そして，学校現場を大切にした教育学をしなさいという教えをしてくださいました。

梶田　その頃はちょうど私が一番学校現場と関わっていた時期です。浜松の附属中学の他に，福岡，岩手，島根の附属中学がブルーム理論を取り入れて，形成的評価の実践研究に取り組んでいました。確かな授業によって確かな学力を，ということですね。各附属中で10年くらい取り組み，それを踏まえて近くの小中学校にも形成的評価の取組が広がり，さらに全国に広がりました。

　　　形成的評価とは，子どもの姿を様々な機会にとらえて，それを次の指導に生かしていくこと，集団での教育においても個別の視点を持って的確に指導をするということですね。4附中では1970年代はじめから，そのほかでは1970年代後半から始まって，1980年前後に多くの小中学校で取り組まれました。

　　　大学の研究者と学校現場との付き合いは，長続きしなければ，子ども自体の変容につながりません。だから，私はだいたい1校当たり10年をめどに学校現場に行っていました。

田中　学生時代，授業などでブルーム理論やグレナセミナーのことをよくお聞きしました。

梶田　私が教育に関わるきっかけとなり，土台になっているのが，1971年に開かれたグレナセミナーです。スウェーデンのグレナで，ユネスコがバックアップして開かれたものです。教育目標のタキソノミーや形成的評価を提唱したベンジャミン・ブルームが総責任者で，タイラーやハヴィガーストなど世界的に有名な先生方が指導者として来ておられ，30数か国から参加者が集まった6週間のセミナーでした。

　　　私は，「自己意識の社会心理学的研究」という論文で文学博士号をとったすぐ後のことでした。国立教育研究所に勤めていて，ブルームをはじめ，教育研究者として歴史に残るような人がファカルティ（＝指導者）となる国際セミナーがあるから行くように言われまし

た。その時は、ブルームの名前も知らないし、近い将来、大学で心理学の先生をするつもりでいたので、他の人に、と言ったら叱られました（笑）。で、業務命令によって参加したわけです（笑）。

あの6週間のセミナーで私は目が覚めました。心理学だけをやっていたら、非常に視野の狭い研究者にとどまっていたと思います。グレナセミナーに行って、ブルーム先生の考えや研究に触れて、教育に目が開かれました。また、ファカルティの先生方や各国の参加者との出会いがあり、それがまた非常によかった。毎晩みなさんの研究の話を聞いたり、ハヴィガースト先生やタイラー先生、ブルーム先生の話をごく少人数で伺ったり、非常に有意義でした。

国際共同研究で提唱した自己成長性

田中　教育にも先生の関心が広がったのは、グレナセミナーがきっかけだったのですね。今日は本書のテーマである自己成長について改めてお伺いします。梶田先生が提唱された self-growth（自己成長性）という概念は、いつどのように提案され、どんな意図や構想があったのでしょうか。

梶田　グレナセミナーの次の年、1972年にユネスコの教育国際開発委員会（フォール委員会）から、生涯教育のレポートが出されました。いわゆるフォール報告です。

ブルーム先生の高弟何人かが、生涯教育とブルーム理論を結びつける研究をしておられました。当時お茶の水女子大学におられた波多野完治先生もユネスコ本部でのこうした議論に関係しておられ、私も波多野先生からその話をよく聞いていました。フォール報告の翻訳書『未来の学習』は私もまとめ役の一人を務め、第一法規から1975年に出版されています。

これからは学校に行っている間だけの学びではなく、死ぬまで学び続け、自分を成長させ、人間性を花開かせなければいけない、学校教育も生涯教育というビジョンの中で作り直さなければならな

い，という内容です。学校を卒業したら，そこで何かが完成するという完成教育の考え方はやめなくてはいけない，次のステップに向けての土台作りをするのが学校である，ということです。

　グレナセミナーから帰ってきてからは，フォール報告に基づく学校教育の改革研究にも取り組みました。ハンブルクにあったユネスコの教育研究所で1974年の春と1975年の秋に，このテーマでの国際ワークショップが開かれ，私も参加しました。この研究所の当時の所長はブルームの高弟であるダーベさんで，グレナセミナーにもファカルティとして来ていた方です。1974〜77年の国際共同研究には体制や条件が異なる日本，スウェーデン，ルーマニアの3か国が選ばれ，私はグレナセミナーに行っていたので，日本チームのメンバーとなりました。

　1974年にハンブルクで行われた最初のワークショップで私が日本チームからの提案として主張したのが「自己成長性」，すなわちself-growthという概念です。

田中　国際共同研究の中で，自己成長性を提唱されたのですね。今でも，ゼミの中で先生がそのことを熱く語ってくださっていたことを覚えています。

梶田　自己成長性の提案を土台として，みなさんに話し合いをしてもらいました。スウェーデンは，self educability，ルーマニアはauto-didactics，まさに自己教育的な概念を主張しました。いろんなご意見をいただいて，その意見交換から練り直されたのがこの表（第2章　表2−1：自己成長性への志向と自学自習の能力，p.23参照）です。

　自己成長性が1つの柱としてあり，もう1つの柱が自学自習の力です。自己成長性は，自分自身に働きかけて，伸ばしていくという自覚的向上心であり，これを具体の活動としてやっていくために自学自習の力，という位置付けです。

　これらの基本はフォール報告に提示されています。生涯教育や生涯学習は，「一生勉強していくのはいいですね」という綺麗事になってしまいがちですが，生涯を見据えて，学校時代に何を育てればい

いか，を考えることが大事です。例えば仕事に就いて，自由な時間がそれほど多くない時期もありますし，子育てなどで自分の周辺のこと以外に関心を持てない時期もあります。そうした中でも，自分自身をより一層高めよう，豊かにしよう，そのためにやれることを少しずつやっていこう，という気持ちや生活習慣が身に付いていないといけない。その土台を学校教育で作っていかなくてはならないのです。このことを，ハンブルクのユネスコ教育研究所での議論を通じて改めて考えさせられました。

自己成長性の在り方の具体像

田中　学校教育では，自己成長性の土台を形成していく必要があるのですね。もう少し，詳しくお聞きできるでしょうか。

梶田　先ほど名前をあげた波多野完治先生はワロンやピアジェなど，フランスの心理学を日本に紹介した先生です。長くお付き合いさせてもらいましたが，常に新しい関心を持って勉強されていました。80代の時には，空海の勉強をしているとおっしゃっていました。「若い時からフランスの心理学の研究をフォローして，ピアジェ，ワロンを日本に紹介し，研究してきた。でも，それは借り物の勉強だったのかなと思ったりする。空海を勉強してみて，自分自身を人間として本格的に見つめ直すことを考えるようになった」と話されました。

　また，90歳をすぎてから『老いのうぶ声』という句集を出されました。「俳句は若い頃から関心を持って作っていたけど，70になって本気でやるようになった。俳句を作り出して，また新しい関心の世界が開かれて，自分自身の見る目も変わったし，成長した」と。

　これが本当の自己成長性の現れ，自己成長性の1つの具体像だと思います。自分というもの（＝自己）は常に変わっていきます。今まで見えなかったものが見えてくる，これまでこだわらなかったことにこだわりが出てくるようになる，そうしたことがその人の生きる内実を豊かにしていくのです。歳を重ねるごとに豊かになってい

く人は，まさに尊敬に値します。

田中　生涯を通して自分を豊かにする自己成長性を身に付けることが大事ですね。

梶田　そうです。もう一人，山本七平さんも素晴らしい自己成長性を持っておられた方だと思います。ベストセラーになった『日本人とユダヤ人』の他にも『日本人とは何か』や『空気の研究』など，興味深い著作が数多くあり，キリスト教を専門とする山本書店という出版社をやっておられた方です。特にユダヤ教，キリスト教のプロテスタントの流れの聖書研究を翻訳して日本に紹介しておられました。

　私はある時期，山本七平さんの追っかけをしていたのですが，二人でお茶を飲みながら，いろんな話を伺う機会がありました。七平さんは，いつでもいろんなことに瑞々しい関心を持っておられました。江戸時代の思想をよく勉強しておられました。戦争で軍隊に入り，クリスチャンでしたし大変苦悩され，どういう思想が人々を戦争に向かわせたのか考えるようになったんですね。大東亜戦争につき進んだ神がかり的な思想に何が持っていったのか。その原型となる思想にはいいところがあったから100年も200年も300年も影響力を持ってきたはずなのに，それがなぜ歪んだ形で機能するようになったのだろう，歪んでいない元々の思想はどんなものだったのだろう，と突き詰めていって，江戸時代の様々な思想について勉強するようになったのだそうです。そして，亡くなられる前の時期は蓮如について研究されていました。若い時はキリスト教一筋でしたが，晩年は仏教思想も深く研究されていたようです。

　自分個人の実感・納得・本音で研究すると，自分のこだわりがどんどん膨らんでいって，それが自分を豊かにするのです。私はいつも山本七平さんの仕事の広がりに感心してきました。である時，「他の人が目をつけないような問題に目をつけて，他の人が持たないような問題意識を持っておられる，その要因はなんですか？」と聞いたことがあります。すると，「自分が面白いと思うことを研究してきただけですよ。それに僕はたった一人で編集・出版の作業をやっ

てきたわけです。いやでも他の人と違う視点ができてしまいますよ」とおっしゃっていました。

　日本人は孤独を嫌う傾向がありますが，孤独に徹することも大事です。世の中で暮らしていくわけですから，世の中のことを知っておく必要はあります。けれどもそれは一旦横に置いといて，自分だけのこだわりの世界を持つことも大事ですね。私は「我の世界」と言ってきましたが，山本七平さんは「我の世界」を非常に突き詰めていった方のように思います。その中からユニークな発想，ユニークな視点の問題意識が生まれてきたんじゃないかなと思うのです。

　これも１つの自己成長性だと思います。こういう生涯にわたり自分を豊かにする自己成長性の土台を，小中高大の学校教育の中でどう培うかです。

田中　教育の在り方として，今こそ，これからこそ，そこを具体化していかなければいけませんね。

我の世界を豊かにする教育の在り方

梶田　生涯教育を考える時には，我々の世界（＝世の中の世界）と我の世界，両方の要素がいります。この間，ある女性の国会議員が私の家に立ち寄られた際，こんな話をされました。

　中央官庁のキャリアの人達の中には，勉強がものすごくよくできた人がたくさんいる。そういう人たちが時々自慢話で，自分は小中高と音楽もスポーツも何もやらず，学校の勉強だけひたすらやってきたという。それで損したなどという口ぶりではない。何の気兼ねもなく，胸を張ってそう言うというのです。

　小中高大と音楽をやったり，スポーツをしたり，読書を広くしたり，それで勉強もというのでないと，本当に豊かな人生は送れないと私は思っています。でも，そういうことに気がつかなくて，影響力のあるポストについたことだけが嬉しくて，それで人生の勝利者のように思っている。学校の勉強だけに集中して，いい大学を出て，

国家公務員のキャリア組に良い成績で入り，与えられた仕事を一生懸命やる。そういう世の中的な一筋道，私から言えば気の毒ですよねと，その女性議員はしみじみと言っていました。

私も気の毒だなと思います。そういうエリートが浮かない顔で余生を送っているのをよく見かけます。我々の世界でいっぱしの人間になることだけが頭の中にあって，そこに最大の努力を集中させたわけです。影響力のあるポストについている時は良いようなものの，ずっとそのポストにいられるわけではないですからね。

どこの世界でも一生懸命やっている人にはいっぱい出会います。でも，一生懸命やることと自己成長性とは違うのです。日本には上昇志向の強い人が，少しでもえらくなりたいという人が，たくさんいます。見ていて，あそこまでがんばらなくて良いのにと気の毒くらい一生懸命やっている人がいっぱいいますね。でも，本当に自分を成長させる，豊かにさせるという視点があれば，また変わってくると思うのです。上昇志向が悪いとは言いませんが，本当に尊敬できる素晴らしい人をよくよく見たら，上昇志向だけでは困るな，となるのではないでしょうか。

自己成長性を育てる教育の具体の在り方は，その中身が大事です。我々の世界で，大きな顔をしてやっていけるだけの自己成長性では駄目なのです。

生涯を考えた時，ある時期からは我の世界の比重がずっと大きくなります。仕事の盛りが過ぎていけば，あるいは，仕事をリタイアすれば，我の世界が中心の生活になります。我々の世界を中心にやれるのはそう長くはないのです。トータルな人生，自分の生涯の全体を見据えて，自分の成長のジャイロスコープを作っていってほしい。学校の先生はそういう見通しを持って指導していってほしいものです。

田中　生涯学習という長いスパンの中に，大きな視野で自己成長を位置付けておられたんですね。壮大なスケールの話ですね。

梶田　教育に関わるということは，壮大なスケールでものを考えられな

いといけない。グレナセミナーに行って，一番目が開けたのはそこ
です。長期的に，そして総合的に成長発達ということを考えないと
ダメだよなと。

　例えば，中学高校になると，受験受験をやることになります。受
験勉強はやれるとこまでやった方がいいけど，それだけじゃないか
らね，とどこかで教えなきゃいけません。人生，それだけじゃない
からねと。

　本当にワクワクする，本当にドキドキする，本当にこれをやりた
いと思えることは，我々の世界に生きるだけではなかなかです。我
の世界の実感・納得・本音を掘り下げていく習慣をつけていくこと
が大事です。自分には何がピンとくるのか，何が自分をワクワクさ
せるのかを見つけ，それを常時耕していくような活動をやっていく
ことです。

　例えば，歌っている時が一番気持ちが良いという子がいたら，歌
のトレーニングをする機会を作るとか，我の世界が豊かになるよう，
長続きするようにもっていかないといけない。このこともまた指導
者の大事な仕事だと思います。個々の子どもに対する指導する側の
入念な目配りと洞察が必要となります。

自分へのこだわりを深めるために

田中　自分を豊かにするという意味での自己成長性の視点を，学校教育
　　に位置付ける必要がありますね。

　　梶田先生は小学校低学年の教科である生活科を作られ，今でも生
　　活科の3学期の単元は成長単元と呼ばれています。6歳，7歳の子
　　ができることを増やしていく。そうした中で自分の成長に気づいて
　　いく。まさに自己成長性の具体の基準を生活科に組み込まれました。
梶田　理科と社会を一緒にして新しい教科にしたのが生活科ですが，「わ
　　たしと自然」「わたしと人びと」「わたしとわたし自身」を新しい3
　　要素として，三極関係として，教育内容の構成を考えようと提案し

ました。「わたしと自然」「わたしと人びと」「わたしとわたし自身」，この３つが「わたしと」というところでつながっているわけです。その中で，わたしへのこだわりを豊かな形で育てていきたい。自分がどう伸びていったらいいか，色々な気づきとして持てるような活動を生活科で取り組むようにしました。子どもはほっといたら，自分の成長に気づくことはあまりないでしょう。場の設定から始めて，発問で工夫しなければいけないし，必要に応じていろんな指導をしなければ，自分についての新しい気づきや新しい成長へのきっかけが持てないままになってしまいます。子どもが自分の成長に気づく指導をしていかなければいけないのです。

田中　梶田先生は，成長とか自分への気づきなど，小学校低学年でそれを終わらせたらダメだと，小学校中学年や高学年でも，中学校や高校でも，そして大学でも，一貫して自分や自己の成長を大事にする教育をすべきだと，ゼミで常々言っておられました。そのことが，とても印象に残っています。

梶田　小中高大を通して，自分の成長にこだわることを学校で大事にしていかないといけないでしょう。世の中でどういう生き方をするのか，どういう仕事をするのか。社会でどう振る舞っていくか，これは大事なことです。学校は socialization（社会化）の機関です。社会のより良い一員として育つよう配慮をしていかなければいけません。しかし，それ以上に大事なことは，社会化の土台として自分というものが確立していくことです。小さい時から，ずっと一貫して，自分が本当にワクワクすることは何だろうか，ドキドキするのは何だろうか，にこだわっていかなくてはなりません。１つのことを勉強していくにしても，自分の実感・納得・本音を脇に置いて，成績につながるからとか，いいところへ行けそうだからとか，そういう価値観だけでやっていくと自分が育たなくなります。自ずからのめり込めるものを見つけていくことが大切なのです。

学校教育の中で精神修養の機会を

田中　子どもたちが本当の自分へのこだわりを深めていくために，学校教育では何ができるでしょうか。

梶田　本当の自分へのこだわりがある人は大抵，宗教へのめざめがあります。宗教的な先覚者は，我々の世界以上に，その土台にある我の世界を大事にしてきました。

　日本で言うと，法然，親鸞の浄土教の世界があります。道元や栄西の禅の世界，そして法華経の世界もある。これらは，本当の自分に気づき，それを大事にしていく道です。といって，自分の道だけが正しい，あとはみんな間違いだ，という風になってはいけないですけどね。

　第二次大戦後，ヨーロッパで宗教多元主義が広がりました。1960年代の初頭には12億の信徒を持つ世界最大の宗教団体カトリックで第二バチカン公会議が開かれ，キリスト教だけが正しいとか，ましてカトリックだけが正しいとか，他の異教徒は間違いだときめつけるのは大きな誤りである，と宣言したのです。いろんな文化，歴史の中で表現はいろいろあるけれども，それぞれの形で真理が伝えられてきていることを認め合おう，という宣言です。

　多様なものを認めるというのはまさに多文化共生です。多様なものと共に生きていくということですね。ただし，なんでもかんでもいいというのではなくて，表現は違うけど，これは共通の真理ではないか，というものを探求することを学校教育の中でもやっていかなくてはいけないでしょう。

　生活科で大事だったことの1つは，地域にあるお寺や神社に子どもを連れていって，そこで話を聞いてみようという活動です。戦後の学校教育ではやってこなかったことですが，生活科で初めてやることにしました。これには，教育は宗教と無縁でなくてはいけないという批判が非常に多く出ました。だけど，これは宗教，宗派の話ではない。地域がどういう意味でこの神社を大事にしてきて，心の

拠り所にしてきたか。この地域にあるこのお寺をどういう風に大事
にしてきたか。学校で先生が子どもを連れていって，神主や僧侶か
ら話を聞くというのは大切です。今は，社会科でもやるようになっ
ています。

　日本は戦争に負けてから，ずっと no more 宗教でした。戦争中
はあまりにも強烈に国家神道を政治の道具に使ったから拒否反応が
残っています。その中で，大事なもの，自分が本当に拠り所にして
生きていかなければいけないことを考えることさえなくなってし
まったのです。だから，金が儲かる，偉くなる，拍手がくる，それ
しかなくなってしまったのです。お金，地位，称賛には関係なく，
私はこれでいくぞ，という世界を持つことの大事さがわからなく
なってしまったのではないでしょうか。

田中　学校教育の中でも自己の精神性を育てることが大事ですね。

梶田　私は高校生の時，夏休みのたびにイエズス会の創始者イグナチオ・
デ・ロヨラの「霊操」を指導してもらっていました。広島に修練院
があって，そこの修養会に参加していたんです。イエズス会は世界
中にキリスト教を広めたところで，1549 年に日本に来たフランシ
スコ・ザビエルもイエズス会の創立メンバーの一人です。イエズス
会創設者のイグナチオが黙想，自分の精神の修養するための体系と
して作ったのが，精神の体操，「霊操」です。

　また，大学の時は，京都の安泰寺という破れ寺に座禅をしに何回
か行きました。澤木興道老師という今では伝説的な人とその弟子の
内山興正老師という人がおられて，私はありがたいことにご指導を
受けることができました。

　そういう精神修養の経験を高校，大学時代に持てたことが，私に
とって非常に良かったと思います。今の小中高大の人たちにも，同
じようなチャンスがあっていいのではないでしょうか。いろんな精
神修養の道が，文化的な伝統として日本にもあり，また世界各地に
あります。各宗教各宗派が精神修養の体系を持っています。これを
子どもたちとどこかで出会わせないといけないでしょう。精神修養

の道に触れると，自己成長性が，自分の中の基準なり，土台になる
ものが，育ってきます。そういう場を準備することがこれから学校
教育で大事になるのではないでしょうか。もちろん子どもに強制し
てはいけませんが。

　私が理事長を務めていた松江の松徳学院の中高では，年に一回生
徒たちが一畑寺に行き座禅をします。キリスト教の学校ですが，住
職にずっと指導してもらっています。学校行事としてずいぶん前か
らやっていて，今も続いています。

　宗教多元主義の大原則に立って，どの宗教，宗派が正しいとかで
はなくて，いろんなところにいろんな真理がいろんな表現であって，
それを自分で実感しなくては自分のものにならない。そういう場を
学校でも準備していきたいものです。

　そのためには，何よりもまず，学校の先生方が精神的に深くなら
なくてはいけませんね。「人間性の涵養」が今の学習指導要領でい
われていますが，それを実現していくためには，先生自身が深いも
のにめざめなきゃいけない。それがあって初めて，子どもたちにも
「人間性の涵養」といった精神面の指導が可能になるのではないで
しょうか。

自己成長性を次の学習指導要領の キーワードに

田中　精神修養なり，自分のコアを持つことを本当に進めるために，総
　　合的な学習の時間や総合的な探究の時間で取り組むのもいいですよ
　　ね。次の学習指導要領には自己成長や精神性などの言葉が入るよう
　　に私もがんばって動きを起こしてかなくてはいけないと思っていま
　　す。
梶田　ぜひやってください。そういうことを大事にしてやっていく学校
　　を1校でも多く作ることです。もう1つは，それを指導する教師が
　　一人でも多く出ることです。そういう精神面の教育を含めた現場指

導ができる人がほしいですね。今はハウツー的な指導論が多く，深い背景を持って指導する人がなかなかいないように思います。人間としての深さを持って現場指導ができる人を一人でも増やさなくてはいけないでしょう。文科省や教育委員会の人にも同じ志を持つ人が出てくることが大事です。目先のことで忙殺され，教育のそもそも論なんか考える暇もないという状況のようですが，そういう中で，一人でも多く同じ志を持つ仲間を作り，自分のやれる分野で少しずつやっていくことによって輪を広げていきたいものです。

　教員養成の中で，現場に行ったらこういうことを大事にしようと学生達に教えることも大切です。私は，5つの大学の学長を務めて，教員養成もしてきて，そういうことを言い続けてきたつもりです。自分がやれることをやれる範囲で，しかし，志を持って，やれるだけのことをやっていけば，必ず少しずつ輪が広がっていくでしょう。目先のことだけでは駄目なのです。

田中　同じ志を持つ仲間を増やしていくことですね。先生は長く学習指導要領の改訂にも携わっていらっしゃいました。次の改訂に向けて，自己成長性というキーワードで期待することはありますか。

梶田　今の学習指導要領の3つの柱に，「知識・技能」と「思考・判断・表現」と「学びに向かう力・人間性の涵養」があります。最後の「学びに向かう力と人間性」が自己成長性にストレートに関わると思います。

　「学びに向かう力」と「人間性」は別物だと思っている人が多いですが，学校で育てなければいけないのは，自己成長性ですし，これが自己成長していくような力を持った人間性ということになるのです。それを具体でいうと，「学びに向かう力」です。今の「学びに向かう力と人間性」という表現はバラバラな感じがします。「学びに向かう力」より「自己成長性」という言葉でもよかったかなと思います。「自己成長性を踏まえた人間性」など，一本化した表現にした方がいいかもしれませんね。

　ここで注意したいのが，「自己成長性」や「学びに向かう力」を，

がむしゃらに勉強して，がむしゃらに成績をよくすること，という矮小化された形で理解してはいけない，ということです。そうならないように小中高の先生，大学の先生は目配り広く，先行きも遠くまでを見据えて，指導しないといけないでしょう。目先の利害で動くような「賢さ」は捨てないといけません。我々の世界に代わる自分の世界（＝我の世界）がなければいけないのです。本当の自己成長性はそういうものだと思います。これを今の学習指導要領の実践の中でも強調していっていいのでは，と思います。

田中　ぜひそういう動きがこの本をきっかけに広がってほしいです。テクニック論的な話になりますが，まず総合的な学習の時間のテーマに，自己，自分，成長を入れるなど，そういう流れを作っていきたいと思います。

　　梶田先生から学生時代にいただいた自己成長性というテーマを，私自身今やっと具体化する研究に取り組めるようになりました。

　　今日は，この対談で「故きを温めて新しきを知る」ことができました。ありがとうございました。この大切なテーマを，これからも大事に発展させていきます。

梶田叡一　プロフィール

1941 年，島根県松江市に生まれ，鳥取県米子市で育つ。

1964 年，京都大学文学部哲学科（心理学専攻）卒業。

1966 年，京都大学大学院文学研究科修士課程を修了し，国立教育研究所研究員となる。

主任研究官を経て，日本女子大学助教授，大阪大学教授，京都大学教授，京都ノートルダム女子大学学長，兵庫教育大学学長などを歴任。文学博士。

この間，教育改革国民会議委員，中央教育審議会委員（教育課程部会長，教員養成部会長，初等中等教育分科会長，副会長など）も。

主な著書に，『自己意識論集（全 5 巻）』（東京書籍），『人間教育の道』『人間教育のために』『〈いのち〉の教育のために』（いずれも金子書房），『教育評価を学ぶ』『教師力の再興』（いずれも文溪堂），『不干斎ハビアンの思想』（創元社）など。

これまでに，神戸新聞平和賞（2010 年），（茶道裏千家）茶道文化賞（2012 年），文部科学大臣表彰（2020 年）などを受く。

2022 年秋の叙勲で，教育研究功労として，瑞宝重光章を受章。

第4章

成長力アンケートを活用した
自己成長学習

自己成長をうながす授業実践　**Part 1**

My Energy　成長力を高めよう！

---

1. 自己成長プロジェクト
　1回目の授業の特色とねらい

○年間を通して子どもたちが自己成長力を身に付けていくことをねらい
　として，学期に2回程度の成長力アンケートを実施し，その結果をも
　とにして適切なアクティビティーを継続的に実行していくプロジェク
　ト学習

授業者：中島大輔教諭　藤田貴久子教諭

　この実践事例は，京都府八幡市立中央小学校6年生の2クラスで行わ
れています。
　この学年の子どもたちは，5年生の時に，筆者が開発した，学級を子
どもたちが主体的に改善していく「学級力向上プロジェクト」に取り組
んでいました。その経験があるため，子どもたちは，自分たちの学級の
様子や自分自身のことを自己評価して，レーダーチャートで可視化され
た現状のデータに基づいて改善案を提案し実行していくことに慣れてい

ました。

　また，主体的・協働的に学級改善に取り組んでいくという意識を，今年度は，自分自身の成長のために自己改善していくという意識にスムーズに発展させていくことができました。

　６年生になってクラス替えはありましたが，昨年度学級力向上プロジェクトを通して，子どもたちは支え合う温かい心をもった仲間になっていましたから，自己成長プロジェクトが孤立した個別成長プロジェクトにはならずに，子どもたちが横につながり自己成長を助け合う相互成長プロジェクトになっていたことは，とてもうれしいことでした。

　自己成長プロジェクト第１回目のスマイルタイムの実施日は，１学期の５月19日でした。

▶**目的**：間近に迫った修学旅行を成功させるために，子どもたち一人一人がそれまでにどのような自己成長を遂げて，さらに当日もさらに成長できるかを見通して決意を語ること
▶**本時のめあて**：「修学旅行を通して，自分が付けたい力は？」

　修学旅行は，子どもたちにとって最高学年になって初めての楽しみな行事ですが，集団行動に関する一人一人の自覚が低いままでは，楽しい思い出も台無しになってしまうリスクがともなうものです。

　そこで，中島先生と藤田先生は，子どもたちが大きく自己成長する場として修学旅行を選び，修学旅行を成功させて一生の思い出にするために必要な自己成長とは何かについて真剣に考えさせることにしたのです。

２．子どもたちの活動の流れ

自己成長プロジェクト第１回

　　※成長力アンケートとレーダーチャート作成ソフトの元ファイル（Microsoft Word，Microsoft Excel）は，本書のダウンロードサイトから入手可。

▷本時のめあての説明

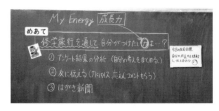

本時のめあてを確認する

▷カラーで一人ずつ印刷した成長力レーダーチャートの配付

配付された成長力
レーダーチャート

▷自分で見る時間と友だちと見合う時間の設定

先生もレーダーチャート
をもとに支援する

友だちと見せ合っている
様子

▷自分の成長力レーダーチャートをタブレットでクラウドに保存する

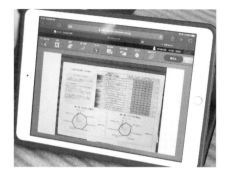

学習履歴とするために
画像をアップする

▷「My Energy 今日のトークテーマ」カードに，付けたい力を書く

▷「友だちからのアドバイス」欄に，アドバイス付箋紙を貼って歩く

友だちに送るアドバイスを
付箋紙に記入する

アドバイスの付箋紙を
貼ってもらっている

▷付箋紙をもとにして，友だちに自己成長のアドバイスを送る

ペアでアドバイスを
送り合っている様子

　どの子も本当に真剣に，自己の成長課題をレーダーチャートから見つけて修学旅行のめあてとするとともに，友だちにも成長をうながすメッセージを送っていました。

3．修学旅行に向けた　自律的・自覚的な意識の高まり

自己成長課題は「心を落ちつかせる力」

　6年生のクラス単位で集計した成長力アンケートを見てみると，子どもたちはすぐに，どちらのクラスでも「心を落ちつかせる力」が低いことに気づきました。その領域では，肯定率がほぼ60％程度しかありませんでした。この領域は，自己成長の阻害要因になることが多い「心の不安や心配，イライラ」を低くすることが大切であることを示すために設定されています。

　子どもたちは，もう6年生ですから，イライラしやすい心やムカつく気持ちを自己コントロールできないままで修学旅行に臨んでも楽しくないばかりか，友だち関係でトラブルを起こしてしまい，きっと嫌な思い出が増えてしまうことに気づいていました。

　ほとんどの子どもたちが，「心を落ちつかせる力」を自己成長課題として選んだことは，とても印象的でした。

　数人の子どもたちに選んだ理由を聞いてみると，「うちらイライラし

やすいからなあ」「ムカついてばかりいると修学旅行も楽しくならへんから」というように，しっかりと自己反省ができていることを示していました。

　自分のイライラも友だちのイライラも鎮めるための具体的な方法を，子どもたちは次のようにアドバイスして教え合っていました。

　「深呼吸をするとよい」

　「がまんしよう！！」

　「がまんできなくて言ってしまったらあやまる」

　「友だちを気にしたらあかんで！」

　「一回，何も考えないようにして」

　「人の意見もしっかり聞く。自分の意見も言う」

　「なぜ失敗したか考えるといいよ」

　子どもたちの自己診断の場面に接してみると，子どもたちが成長力レーダーチャートを生かして，自己評価と成長課題の意識化にしっかりと取り組んでいたことを実感しました。それは，私たちが開発してきた自己成長プロジェクトの仕組みがうまく機能し始めていることを示していました。それだけでなく，昨年度取り組んできた学級力向上プロジェクトの成果によって，子どもたちが自己評価を通して継続的に改善行動を生み出していく積極性を身に付けていることもわかりました。

　この授業が終わった後と，修学旅行から帰ってきてから，それぞれの成長はがき新聞を書きました。前者には修学旅行に向けての自己成長の決意を書き，後者には宣言した自己成長を修学旅行中にしっかりと遂げることができたかについて書きました。

※詳しくは，第5章事例5（p.110）をご覧ください。

　どの子も，集団生活を通して，自分中心で動くのではなく，時にはリーダーシップを発揮しつつ，友だちとの協調性を身に付けて，一生のよい思い出ができたことを喜ぶ言葉にあふれていました。

４．自己成長プロジェクト
２回目の授業の特色とねらい

○自己成長力を育てるスマイルアクションの中から「自分の成長通知表を作ろう！」を選び，自分の成長力レーダーチャートを見ながら１学期の成長過程を振り返って，１学期のまとめとして，自分の成長を多面的に自己評価した授業

　自己成長プロジェクトの第２回目は，７月15日に特別活動の時間を用いて行いました。

　▶**本時のめあて**：「自分は１学期にどれくらい成長できたのだろうか？」

　授業開始の冒頭で，中島先生と藤田先生は，子どもたち一人一人に成長力レーダーチャートをカラー印刷して配付しました。そこには，自分が回答した成長力アンケートの結果がレーダーチャートになって表されています。

　６年生ではすでに５月と７月の２回にわたり成長力アンケートを実施していることから，子どもたちはその伸びや形状の特徴を指標として自分の成長の様子を自己評価しました。

　スマイルアクションの１つである「自分の成長通知表を作ろう！」は，子どもたちにとってふだんは先生から評価をもらうものという通知表のイメージを逆転させて，自分が自分に通知表を書くという面白い活動になっているところがポイントです。ただ自己評価カードを書こうというのでは，子どもたちの学習意欲や集中力はあまり高まりませんが，自分の通知表を自分で書くというのは，とても興味がわくようです。

　完成した「私の通知表」は友だちと見せ合って認め合い活動になっていきますから，友だちからほめられるという見通しがあることも学習効果を高めることにつながるのです。

自分の成長を自己評価する～私の通知表

　「私の通知表」は，この学年では「My あゆみ」と呼ばれ，A4 判用紙サイズに下記のような項目が書いてありました。上段には先生が設定した評価項目が９つあり，下段には自由記述で１学期に取り組んだ自己成長プロジェクトの成果と課題を書きました。

第６学年１学期「My あゆみ」

1．1学期の学校生活のことを思い出して，自分で◎・○・△をつけましょう

1　きまりを守り，友だちと協力して行動することができている。
2　当番や係の仕事を，忘れずに行い，責任をはたすことができている。
3　授業や宿題などの課題を，最後までやりぬくことができている。
4　身の回りの整理整とんができ，持ち物を大切にできている。
5　宿題や学習に必要な物を忘れずに，準備することができている。
6　給食は，マナーを守って食べることができている。
7　正しい姿勢で学習することができている。
8　友だちや先生の意見をしっかりと聞き，受け止めることができている。
9　朝や帰り，授業中にあいさつや返事がしっかりとできている。

2．1学期の記録（成果と課題）

学習面

学校生活

仲間

My あゆみを見ながら，**１学期成長できたこと**と，**２学期への抱負**を，はがき新聞に書きましょう。

「My あゆみ」が完成したら，残った時間で，一人一人自分の「成長はがき新聞」を書きます。はがき新聞は，廊下に掲示コーナーが作ってあり，自分用のビニールポケットに書き上げたはがき新聞を入れていきます。隣のクラスの友だちや参観日に来た保護者も見られるようになっています。

子どもたちは，自分の成長を誇らしげに書いてはがき新聞の作品を公開掲示していくのです。そして，友だちや多くの大人たちから成長へのお祝いの言葉をもらい，さらなる自己成長を誓います。

５. 子どもたちの学習活動の流れ

自己成長プロジェクト第２回

▷本時のめあての確認

本時のめあてを
確かめている

▷１学期の行事や学習活動の振り返り

これまでの行事や学習を
写真で振り返る

▷成長力レーダーチャートの配付と分析

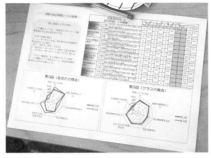

配付された
成長力レーダーチャート

2 回分のレーダーチャート
の変化を見る

▷「My あゆみ」を一人一人で書く

自分の「My あゆみ」を
書いている

▷友だちと「My あゆみ」を交換して認め合う

▷「My あゆみ」と成長レーダーチャートをもとにはがき新聞を書く

成長はがき新聞を
書いている

▷書き上げたはがき新聞を友だちと読み合い，よいところをほめ合う

▷よいところやアドバイスを付箋紙に書いて送り合う

はがき新聞を読み合って
付箋紙を送る

▷全ての資料を「キャリアパスポート」のクリアファイルに綴じる

成長力レーダーチャート
をファイル化する

　本時で取り組んだ「成長はがき新聞を書こう！」というアクティビティーも，子どもたちの自己成長力を高めるスマイルアクションの１つです。この授業で，中島先生と藤田先生は，１時間の中に２つのアクティビティーをうまく組み合わせて取り入れています。

　さらに本校では，キャリアパスポートの取組も積極的に行っていて，６年生は５年生から継続して同じクリアポケットファイルを用いて，自己成長に関わるワークシートなどを保存しています。６年生では，成長力レーダーチャートなどの自己成長プロジェクトの学習資料をここにためておいて，年間を通した振り返りをしやすくしています。

６．集中力を高め自分と向き合う 　子どもたち

課題のある子とのコミュニケーションのツールにも

　個人ごとに描き出した子どもたちの成長力レーダーチャートは，どれ１つとして同じ形をしていません。また，同じ大きさのものや同じ変化や変容を示すものもありません。子どもたちが付けた成長力アンケートの結果は，子どもたち一人一人異なっているのです。

　ですから，それらを子どもたちが主体的・自律的に診断・評価しやすくするために，レーダーチャートで示して子どもたちに結果を可視化してフィードバックすることが大切なのです。

　学級の子どもたち全員のアンケート結果をまとめた学級単位の成長力レーダーチャートは，学級の子どもたちの平均値を算出していることから，いつもやや角のとれた円に近い形を示すことが多いのですが，学級の子どもたちの成長に関わる課題や背景の厳しさが存在しないというわけではありません。

　学級の中で，数人の子どもたちの成長力レーダーチャートは小さくてデコボコしていることがあり，学級担任からの個別の支援や関わりを必要としていることが多いのです。したがって，自己成長プロジェクトの授業中だけでなく，ふだんから気がかりな子や課題のある子への声かけ

や個別の支援を行うことが大切です。

　例えば，給食中や何かの制作活動をしている時に，子どもたち全員を一人ずつ呼んでレーダーチャートやはがき新聞をもとにして面談をしたり，休み時間中に廊下で呼びかけて立ち話をしたりして時間を有効利用し，課題のある子とのコミュニケーションをもつように工夫しましょう。

自己成長の成果と課題への豊かな気づき

　子どもたちは一心不乱に通知表づくりと新聞づくりに取り組みました。書くことが苦手な子どもたちも「My あゆみ」と「成長はがき新聞」に自分の成長の成果と課題を書くことに集中して意欲的に取り組んでいたことは，大きな驚きであり喜びでした。

　子どもたちは，どの子も 30 分という長い時間に集中を切らすことなく，自己と向き合い自己成長の成果と課題を見つめ発見し，しっかりと文章にして書き表していきました。自己の内面と向き合って自分を綴るという行為は，自分の弱さに気づくことにもなり，子どもたちにとってつらい一面もあるのですが，それに負けることなく自分をもっと成長させたいという気持ちを強くもって意欲的に取り組んでいました。

〈子どもたちの通知表〉

☆Aさん

　学習面

苦手な教科も，調べたりして，友だちと聞き合いながら楽しく授業に取り組めたのでよかったです。

　学校生活

他学年と交流したことで，より相手のことがわかったし，自分から発信ができた。

　仲間

友達と協力したし，積極的に行動できて，よりお互いのことが知れたのでよかったです。

☆Bさん
　学習面
わからない問題を友達に聞けた。2学期は自分でできるように復習
をいっぱいしたい。
　学校生活
他学年と楽しめるような遊びを考えられた。2学期はもっといっぱ
いの学年と交流したい。部長に立候補した。
　仲間
仲のいい友達だけじゃなくて，他の子ともたくさん話せた。もっと
たくさんの友達と話したい。

☆Cさん
　学習面
集中して取り組んでいたかなと思います。集中するところは集中，
休み時間は楽しくとメリハリをつけることができた。
　学校生活
学校のためにという思いを胸に，1学期を取り組めた。修学旅行で
も班長としてできた。ほんとうに楽しかった。
　仲間
クラスが始まったのが4月でもう7月！！　早いな。それだけ，み
んなでいる時間が楽しいんだと感じます！！

　子どもたちの通知表には，豊かな気づきが書かれていました。
　また，成長はがき新聞にも，自己成長の成果と課題が力強い言葉でしっ
かりと書かれていました。
　　　　　　　※詳しくは，**第5章事例5**（p.110）を参照してください。

７．温かい学級の中で支え合う
　相互成長の実現

　子どもたち一人一人が自己成長への高い意識をもって１学期という長い時間，成長プロジェクトに取り組めたのは，本校が全ての学年で，定期的に「人権週間」を設定し，その中で，子どもたちが友だちを大切にし，一人一人の違いを認め合い，助け合い支え合って学習と生活に取り組むことを学んできたからなのです。

　そうした人権意識と人間関係力の高まりが，継続的な子ども主体の自己成長プロジェクトの基盤を形作っていることは間違いありません。

　このプロジェクトの授業中には，友だちを気遣う言葉や友だちのために役に立つことをしたいという言葉がよくありました。つまり，本校の自己成長プロジェクトは，子どもたちを孤立させて「自分だけが成長すればいい」といった自分勝手な意識を生じさせることなく，「人権週間」との関わりを深めることを通して，友だちの自己成長をお互いにうながし合おうとする協働的な学びに高まっていました。

　いいかえれば，この実践では，豊かな学級づくりの基盤の上に友だちと相互成長し合う温かい支え合う仲間関係ができているのです。

　２学期冒頭までの取組しか紹介できませんが，機会を改めて１年間の取組の様子を紹介したく思っています。２学期からの実践の継続を期待しています。

事例2　小学校6年　道徳科

東京都大田区立都南小学校

あこがれのパティシエ

1．授業の特色とねらい

○卒業前の６年生がタブレットで一人一人回答した「成長力アンケート（小学校高学年版）」の結果を，レーダーチャートの形で分析・診断して，中学生になった自分を思い描き，自分の夢を友だちと語り合った道徳科の実践

○小学校学習指導要領の「指導計画の作成と内容の取扱い」で求められた「一つの内容項目を複数の時間で扱う指導」を行う２時間小単元（２時間道徳）の実践

授業者：関口侑羽教諭　　**協力**：江袋勇樹教諭

　すでに日本の学校では，一人１台端末とクラウド学習システムが導入されて，成長力アンケートが紙と鉛筆ではなく，タブレットによる入力とクラウド型アプリケーションによるレーダーチャートの自動生成によって活用されるようになっています。学級担任によるデータ入力の負担を軽減するとともに，子どもたちにとっては授業中すぐにアンケート結果が可視化されるので学習意欲も高まります。

※成長力アンケートのタブレット入力ソフト：Google フォーム使用

成長力レーダーチャート作成ソフト：Google Spreadsheet 使用

元ファイル（Microsoft Word, Excel）は，本書ダウンロードサイトから入手可。

▶内容項目：「個性の伸長」

▶教材名：「あこがれのパティシエ」（東京書籍）

▶主題名：自分の特徴を見つめて

▶ねらい：一人前のケーキ職人になった遠藤さんのよさについて考えることを通して，長所や短所を踏まえた自分の特徴を知ることの大切さに気づき，努力を重ねて積極的に伸ばしたり，改善したりしながら，夢や目標をもって生きようとする心情を育てる

◉自己成長力育成の観点：道徳教材からとらえた，夢を実現するために必要な努力の在り方をもとにして，成長力アンケートの自己診断結果から自分の個性である長所と短所をアンケート項目に沿って自己診断し，中学校に入ってよりよく自分の成長をうながすための夢とそれを実現する生き方を考えることをねらいとしています。グループや学級での友だちとの対話や相互評価の活動を通して，自分をよりよく見つめて自分のさらなる成長を発見し促進していきます。

２．子どもたちの学習活動の流れ

〈２時間小単元の活動〉

１時間目

▷中学校へ向けた自分の夢は何かを考えて発表する

▷教科書教材を読む（学級担任による範読）

教科書教材から道徳的価値
を探り出す

▷パティシエの遠藤さんが，夢の実現のために努力したことが表れている教科書の部分に線を引く

▷線を引いた箇所を発表して，遠藤さんの努力の在り方を共有する

複数の内容項目を関連づけて
理解する

▷「真心カード」を用いて，夢の実現のために必要な心（道徳科の内容項目をやさしく表したカード）を，画用紙の上で「心の構造図」として図式的に表現する（道徳ワークショップ）

真心カードで心の構造図を
作る

▷自分の「心の構造図」を用いて，個性の伸長のために必要な道徳的諸価値を発表し考えを深める

グループで大切と思うことを
共有する

2時間目

▷ 1時間目の学習を振り返り，夢の実現のために大切な道徳的価値を整理する

▷ レーダーチャートで示された成長力アンケートの結果を自分のタブレットで確認して自己診断し，ワークシートに自分の長所と短所や，将来の自分の夢を書き込む

レーダーチャートを見て
自己診断する

ワークシートで
自分の個性を分析する

▷ グループで，ワークシートに書いた内容を共有して認め合ったり，励まし合ったりする

グループで自己診断を
共有する

▷将来の夢や中学校での夢をグループで語り合い，励まし合う

友だちに励ましコメントを
送る

▷先生から中学校へ向けたはなむけの言葉を聞き，進学への決意をもつ

※道徳ワークショップを取り入れた２時間小単元による道徳科の授業については，
文献１参照

３．自己成長力を伸ばす子どもたちの学び

１時間目「心の関係図」づくり

　個性の伸長（夢の実現）という中心価値の周りに数枚の真心カードを
切り抜いて貼り付けて，例えば，「愛する心」カードを選んだ子は，菓
子作りを心から愛することが夢の実現につながると考えました。また，
「成長する心」を選んだ子は，もっと菓子作りをうまくすることが，「つ
ながる心」を選んだ子は，お客さんを喜ばせたい思いがあったことを示
していました。

　このように，学習指導要領が求める「内容項目間の関連を密にした指
導」をめあてとして，「心の構造図」づくりによるワークショップとグルー
プディスカッションを行うことで，自己成長の在り方を多面的・多角的
に考えることができました。

2時間目　夢の実現について深く考える

　道徳科の目標として定められている「自己の生き方についての考えを深める学習」を行うために，夢の実現について自分事として深く考えることをめあてとして，成長力アンケートを用いた自己診断の結果をもとに，自分の個性を分析し，それに基づいて将来の夢を自己決定し，さらにグループで認め合ったり励まし合ったりすることができました。

〈子どもたちの自己分析ワークシート〉

☆Aさん

自分の長所「自分を創る力」

理由　　　「授業でわからなかったことやテストでまちがえてしまったところは，次にそうならないように勉強しているから」

自分の短所「成長しようとする力」

理由　　　「一回やって興味がなかったら，すぐあきらめてしまって続かないから」

☆Bさん

自分の長所「自分を評価する力」

理由　　　「深く考えるのが得意だから」

自分の短所「自分を修正する力」

理由　　　「反省点を見つけても，あまり直していない。すぐに忘れるから」

☆Cさん

自分の長所「友達と共に成長する力」

理由　　　「友達と声をかけあったり協力したりして仲を深めるとともに，身についた力を生かしてすごせているから」

自分の短所「心を落ちつかせる力」

理由　　　「失敗したり心配してしまったときに，深く考えこんでしまう」

このように，子どもたちは成長力レーダーチャートをもとにして，自分の個性を客観的に分析することができていました。どの子も友だちの分析の様子を真似することなく，自分にしっかりと向き合って，長所と短所をふだんの自分の行動を思い浮かべながら誠実に診断していました。そしてグループの友だちどうしで，温かい励ましの言葉をかけ合っていました。

　子どもたちの等身大の自己診断を通して，夢に向かって成長しようとする積極性の高まりと，友だちどうしで成長をうながし合おうとする温かい心の育ちを実感しました。

４．夢を自己決定し，その実現に向けて　　宣言する子どもたち

　２時間目の終盤には，中学校に向けての夢や将来の夢をグループで語り合い，決意をもって自己宣言する時間となりました。

「オリンピック選手になる」
「CG クリエーターになる」
「医療従事者になる」
「部活と勉強を両立させる」
「将来たくさんの人達を笑顔にする」
「製薬会社に勤めたい」

など，子どもたちは思い思いに，自分の夢をワークシートに書いて，具体的にがんばることを加えて友だちに自己宣言しました。

　ある子は，そのためにこれからがんばって成長することとして，

「苦手なことからやり，それを続けて習慣づけたい。そして得意なことを増やしたい。」

と書きました。

　そして，その自己宣言を聞いた友だちからは，

「あきらめないで最後までやれば，苦手なこともできるようになると思います。」

というエールを付箋紙に書いてもらっていました。

　そうした成長志向的な学級の雰囲気を作り出すために効果的であったのは，成長力アンケートの項目が子どもたちの発達段階にフィットしていたこと，卒業前の３月というタイミングにも合っていたことがあげられます。また，２時間小単元による道徳科の授業も，自分事として自分の生き方を深く考える上で十分な時間保障になり，活動内容の充実に効果的でしたのでお薦めします。

　この実践では，小学校６年生に夢の最終決定を強制することをもちろん意図していませんが，子どもたちは実に自分らしい夢を語り，友だちと励まし合い，友だちとの最後のお別れの言葉を交わしているようでした。子どもたちの自己成長力が高まった瞬間でした。

　ふだんの関口先生による落ち着いた温かい学級経営の基盤が，本実践の成功要因であったことはいうまでもありません。

【文献】
1　田中博之・梅澤泉・彦田泰輔『「考え，議論する」道徳ワークショップ』明治図書出版，2017

※　授業者，協力者の所属は実践当時

事例3　中学校1年　特別活動
愛知県尾張旭市立旭中学校

私の新たな挑戦！

１．授業の特色とねらい

○中学校１年の特別活動の時間に，成長力アンケートを用いてその自己評価の結果をレーダーチャートにして可視化し，自分の自己成長力を診断して，これからの自己成長の在り方を宣言する授業

○中学校学習指導要領の［学級活動］の内容領域（２）「日常の生活や学習への適応と自己の成長及び健康安全」に位置付く

- （２）の項目には，「自己の成長」という表現が用いられていることから，特に項目のア「自他の個性の理解と尊重，よりよい人間関係の形成」とウ「思春期の不安や悩みの解決，性的な発達への対応」に該当する対話活動を行うことで，生徒の多様な自己成長を集団の中でうながし合う学習活動を生み出すことができる

授業者：彦田泰輔教諭

　生徒たちには，自己成長を考える領域として，学習，生活，習い事，部活，趣味などを示して，これに先立つ道徳科の授業で学んだ「向上心」の定義づけを活用しながら自分の経験を具体的に想起して，これからの自己成長の在り方を決定し宣言していくようにしました。

　※本授業に関連した道徳科の実践については，**第６章事例13**（p.153）参照。

　また，これまでの自分の自己成長の様子を思い出したり，自己成長に必要な態度や行動について家族から聞き出したインタビューの内容を参考にしたりしながら，それぞれの領域で自分を成長させたいことやその

ための努力の在り方をワークシートに書いて，グループで交流しました。

2．子どもたちの学習活動の流れ

　この授業では，教師主導の一斉指導でも学級会形式でもなく，4名程度の生活班で，30分もの長時間にわたり，グループ対話を継続することで，友だちやインタビューに答えてくれた家族と協働しながら自分のこれまでの成長とこれからの成長を考え，「私の新たな挑戦」を宣言するようになっています。

　ゆだねられた時間の中で，成長力レーダーチャートの診断から自己成長の宣言に至る生徒たちの主体的なグループ対話を導くために，子どもたち一人一人にワークシートを渡し，その中に次のような作業手順を書いておきました。

グループ対話の手順

① 成長力アンケートの結果を分析しよう

一人一人に配付された
成長力レーダーチャート

ワークシートに熱心に
書き込んでいる

書き込まれたレーダーチャート
の良い点と課題

② 発表で共有しよう

- レーダーチャートを見せながら，自分の自己成長力の良い点と課題
を発表していきます。質問や感想，アドバイスの交流をして，次の
「私の新たな挑戦」を考えるヒントを集めよう。

グループで診断結果を
共有する

対話のポイントを
アドバイスする彦田教諭

③ 自分を創るための「努力」や「行動」について考えよう

- 自分の成長へとつながる「努力」や「行動」は，これまでの人生の
どの場面（ⅰ学習，ⅱ生活，ⅲ部活，ⅳ趣味・習い事，ⅴ体力向上，

vi 苦手克服）にあった？　ⅰから順番に体験談を一人一人話してい
こう。

④　「できたことヒストリー」を整理してみよう
　•　自分が中学校になってできるようになったことは何？

⑤　「私の新たな挑戦」を考えて，『自分を創る』という大テーマにつな
　げよう
　•　今はできていないけれど，これから挑戦してみたいことを考えよう。
　•　終業式までの学校生活内でできること／夏休みにしかやれないこ
　　と，どちらでも OK。出校日に自己評価しよう。

⑥　それぞれの「私の新たな挑戦」を発表して，それを達成するための
　方法のアドバイスを送り合おう

ワークシートを交換する

友だちの挑戦について
アドバイスを書く

３．豊 か な 対 話 を 通 し て 気 づ き を 広 げ 深 め る

　生徒たちは，本時で設定されたような温かくて柔らかい雰囲気の中で自分のことを語ることが好きであり，友だちの多様な経験や価値観を聞くのはとても楽しいようでした。

　いつもの教科学習のように，限られた時間で追い立てられるように考えたり書いたりするのではなく，30分というゆとりのある時間の中でゆったりと自己開示して友だちと飾ることなく交流できるのは，成長過程にあって不安と希望が入り混じった複雑な状況を生きている時に，生徒たちにとってとてもうれしいことなのでしょう。

　こうした安心できる対話を通して，悩みや夢をゆっくり聞いてくれて自分を尊重してくれる友だちがいる喜びをかみしめているようでした。

　また，宿題として課されていた家族へのインタビュー結果を整理したワークシートが，ここで大活躍していました。自分一人では視野が狭く気づきも浅くなりますが，家族からもらえる成長へのアドバイスや人生の先輩としての経験談は，とても貴重なものでした。

４．自 己 創 造 の 宣 言 を す る 子 ど も た ち

〈生徒たちの自己成長への宣言〉

☆Ａさん
「部活で新チームの試合で活躍する。たくさん出てゴールに向かい点を決める！」

☆Ｂさん
「誰かに言われてから行動するのではなく，先に考えてから行動する。」

○友だちからのメッセージ
Ｃさんより　できると思うよ。でも毎日続ければ新たな挑戦が出て
　　　　　　くるかもしれないですね。頑張って！
Ｄさんより　その言葉を意識していれば，きっとできると思うよ！
Ｅさんより　先に考えて行動すること，もう十分できているよ。
　　　　　　でも，続けるのも大切だと思います！

　このようにして，生徒たちは友だちからの支えによって，もっと成長
したいという新たな意欲が生まれているようでした。

学習への集中度と達成感に拍手を送る

　授業の最後に，彦田先生は全員のがんばりをたたえ合うように促し，
大きな拍手で活動を締めくくりました。

事例4　中学校3年　特別活動
愛知県尾張旭市立旭中学校

成長力を伸ばそう！

1．授業の特色とねらい

○卒業前の3年生がタブレットで一人一人回答した成長力アンケート（中学生版基礎編）の結果を，レーダーチャートの形で分析・診断して，高校生になった自分を思い描いて，将来の自分の夢を友だちと語り合い成長を励まし合った特別活動の実践

○中学校学習指導要領の学級活動における内容領域（2）「日常の生活や学習への適応と自己の成長及び健康安全」のア「自他の個性の理解と尊重，よりよい人間関係の形成」を行う2時間小単元の実践

授業者：彦田泰輔教諭

　本校は，タブレットとしてiPadを，クラウド学習システムとして「schoolTakt」を用いて，成長力アンケートと成長力レーダーチャートを作成したり生徒間で共有したりしました。また，生徒たちが書いたワークシートもタブレットで生徒自身が撮影して画像ファイルをアップし，クラウド上で共有して応援コメントを付け合ったりしました。

　※成長力アンケートとレーダーチャート作成ソフトの元ファイル（Microsoft Word, Microsoft Excel）は，本書のダウンロードサイトから入手可。

▶ねらい：

1時間目　宿題として書いてきた，自分の成長に関する「分解の木」の内容をグループで共有して，グループで協力して，「成長のイメー

ジマップ」を作成することを通して，自己成長をうながす要因について，多面的・多角的に考察する

　2時間目　成長力アンケートの回答結果を一人一人のレーダーチャートにして自己診断し友だちと共有することを通して，自分の将来の夢を宣言し，その実現のために努力することや意識することを，友だちからの付箋紙のコメントやクラウド上での応援コメントをもらうことで明確にしていく

▶**本単元の目標**：成長力アンケートを用いて主体的で成長志向的な学習を行うことで，中学校学習指導要領が求めるように，集団との関わりを通して，「人間としての生き方についての考えを深め，自己実現を図ろうとする態度を養う」ようにする

●**自己成長力育成の観点**：

① 成長の「分解の木」を作成したり「成長のイメージマップ」を作る活動を行うことで，「成長するとはどんなことか，成長するためにはどのような意識や努力が必要か」を自己の体験をもとにして深く考えられるようになる

② 個人ワークとグループワークを組み合わせて行うことで，成長に関わる視点や工夫点をより広くとらえることができるようになる

③ 自分の成長の自己宣言について友だちから応援コメントをもらうようにすることで，成長への意欲や自信につなげられるようにする

④ 成長力アンケートを用いることで，成長に必要な諸能力を意識化させるとともに，自己の現状を自己評価・自己診断することで，より客観的な視点から自己の生き方を考えることができるようにする

⑤ 一人1台端末を通したクラウド学習システムの活用によって，ワークシートやレーダーチャートが画像イメージとしてオンラインで共有されることで，多くの友だちから応援コメントをもらい自分の成長について意欲を高めたり自信をもったりすることができるようになる

２．子どもたちの学習活動の流れ

１時間目

▷「分解の木」を用いて，自己成長に必要なことを宿題で整理してきて，グループで共有する

宿題で書いた自己成長の
「分解の木」

グループでそれぞれの考えを
共有する

▷グループで協働して，自己成長の要因を多面的・多角的に考えて，「成長のイメージマップ」を作成する

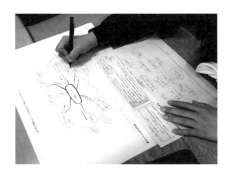

グループで成長の
イメージマップを作成する

▷完成した「成長のイメージマップ」をタブレットで撮影して，クラウド上に画像をアップしグループ間で共有する

成長のイメージマップを
クラウドで共有する

▷「成長のイメージマップ」をもとにして，成長するために必要な意識や努力の在り方を発表する

2 時間目

▷タブレットで表示された自分の成長力レーダーチャートを見て，自分の成長力の現状を客観的に診断・分析し，ワークシートに成果と課題を記入する

成長力レーダーチャートで
自己診断

▷ワークシートに自分の成長目標と将来の夢を書き込む

▷自分の成長目標と将来の夢を実現するために必要な意識や努力の在り
　方について，友だちから具体的なアドバイスを付箋紙に書いてもらい
　貼り付ける

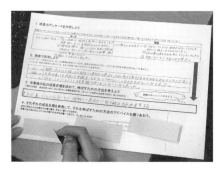

成長分析シートにコメントを
付ける

▷以上の学習内容を全てふまえて，自分のこれからの成長宣言を書いて，
　グループで共有する

グループで自己診断結果を
認め合う

クラウド上で応援コメントを
付け合う

3．自己成長力を伸ばす子どもたちの学び

自己成長をうながす要因を多面的・多角的に考察

〈宿題として生徒たちが作ってきた「分解の木」〉

☆Ａさん

自分が成長したところ「人の良いところを見つけられるようになった！」

その結果 「自分も相手もハッピーな気持ちになった」

その要因

- たくさんの人と友だちになり，たくさんの価値観に触れた
- 人のすきなところを見つけると，人にも自分にも優しくなれた
- 「後でやろう」という考えをやめると，後悔する数が減って笑顔が増えた
- 憧れの人をつくったら，目標ができてそれに突っ走れた
- いつも笑顔を意識すると，イライラすることが減り自然と友だちが増えた
- 自分の短所を見つけると，直すべき点を直した

このように多面的に深く自己分析をしていました。

どの生徒も自分のそれまでの経験をもとにして，成長につながる要因を具体的にわかりやすく整理することができていました。

イメージマップの中心円には，「成長って何？」という言葉が書いてあり，その周りに放射状に，「特徴は？」「成長できるのはなぜ？」「どういうとき実感できる？」「どんな喜びを感じる？」「難しさは？」「もし成長しないと…」という６つの成長について考えるヒントが印刷されています。

生徒たちは，それぞれのヒントを手がかりとして，各自で整理してきた「分解の木」の体験談や考えを出し合いながら，成長についてより広くそして深く考えていきました。

〈グループごとに協力してまとめた「成長のイメージマップ」〉
☆Ｂグループ　「成長って何？」
特徴は？「自分の強みになり，自信と達成感を感じる」
成長できるのはなぜ？「周りが成長して刺激を受けて競争するから」
どういうとき実感できる？「できるが増えたとき」
どんな喜びを感じる？「うれしい」
難しさは？「挑戦しないといけないし，失敗すると悲しいし悔しい」
もし成長しないと…「ダメな人になって自立できず，きらわれて生
　　　　　　　　　きにくくなる」

　中学生になると勉強も難しくなり，進学のために人と比較されること
が増え，部活で活躍できない自分に悔しい思いをすることもあります。
そうした苦い経験をしていることが，分析に広がりと深まりをもたらし
ています。特別活動の授業でありながら，中学生らしい生きた道徳の学
習になっていました。

「誰かの影響はあった？」「尊敬するあの人はどうしてる？」
「自分の成長アイテムは何？」という問いに答える

　興味深いことは，彦田先生のアイデアで，このワークシートには，他
にも，「誰かの影響はあった？」「尊敬するあの人はどうしてる？」「自
分の成長アイテムは何？」という問いについて答える枠も用意されてい
て，生徒たちの成長に関する分析をより深い学びにするための支援が施
されていました。

☆Ｂグループ
尊敬する人の特徴
「自分のことをよく知っている，努力や挑戦をしている，失敗して
いる，友だちとは違う仲間を作っている」
自分たちの成長をうながす要因
「周りの支え，周りとの競い合い，失敗と成功，挑戦・努力・目標，ご褒美」

このように，自分の成長に取り入れるべき特徴をしっかりと観察していました。そして，大人にも通じるほどによく考えられた人生訓ともいうべき分析がグループごとに仕上がっていきました。

4．夢を自己決定し，その実現に向けて　　自己宣言をする子どもたち

　自己成長について，自分たちの体験をもとにしながらも，原理的・本質的に考えてきたので，2時間目にはさらに自分事として自分の成長はいかにあるべきかを，自分の成長力レーダーチャートを見ながら考える段階になりました。

　ワークシートには，成長力レーダーチャートを見ながら，自分の成長の現状について，良い点と課題をアンケートの領域に沿って具体的に書いていきました。

☆Cさん

良い点「自分を修正する力」

理由「数学がいやで，嫌いにではなく普通にするために考えたら，
　　　　努力しようと思い努力した結果，嫌いではなく普通になった」

課題「心を落ち着かせる力」

理由「イライラしてしまうと一日中イライラしてしまうから，なお
　　　　さないといけないなと思った」

☆Dさん

自分の将来の夢

　　「旭中学校のソフトボール部の外部コーチになる！」

　　「学校でやる勉強だけでなく，夢への専門的な事についても挑
　　　戦し，関わっていきたい」

〇友だちからの応援コメント

　　「挑戦してたら，失敗することもあると思うけど，それを生か

> せるように頑張ろう！」
> 「優しくて人からも好かれるから，いい先生になれると思う！」

中学卒業後のさらなる成長を願って

　こうして，どの生徒も自分の卒業後のさらなる成長を願って，真剣にそして誠実に，本実践の多様なアクティビティーに取り組んでくれました。２月末という中学校３年生の最後のアクティブ・ラーニングというタイミングにも助けられたかもしれませんが，そのこと以上に生徒の皆さんが積極的に自己診断や要因分析，友だちへの応援コメント，タブレットを用いた多様な考えの共有といった，高度な取組にチャレンジしてくれたことは感動的でした。

　授業者の彦田先生も，自己成長学習という新しい実践の大切さを理解してくださり，生徒たちに，「今，自己成長について考えることの大切さ」，「これをきっかけとして，高校へ進学しても夢の実現のために努力してほしい」ことを，熱く語っていました。

　そうした教師の実践への熱い思いが生徒たちに伝わり，宿題に取り組む姿勢を生み出し，授業中の生徒たちの熱意につながったのです。

第**5**章

はがき新聞を活用した
自己成長学習

自己成長をうながす授業実践　Part 2

事例5　小学校6年　特別活動
京都府八幡市立中央小学校

成長はがき新聞をかこう！

1. 授業の特色とねらい

　この授業は，本書 第4章事例1で紹介した「My Energy　成長力を高めよう！」（p.72）の授業中に子どもたちが修学旅行の体験をもとにして自己成長した様子をはがき新聞に書き綴った実践です。授業の詳細は，そちらを併せてご覧ください。

　授業者：中島大輔教諭　藤田貴久子教諭

修学旅行前後の決意と振り返りをはがき新聞に

　当校の6年生は，成長力レーダーチャートの分析と診断から，「心を落ちつかせる力」が弱いと考えていました。自分が思うような成果を上げられなかったり，友だちとの関係で嫌なことがあったりすると，すぐイライラしてしまってそれを引きずってしまうことが多いと感じていたのです。

　そこで，子どもたちは修学旅行という一大行事を成功させることで，自分たちの短所である「イライラしやすい」という性格を改めて，友だ

ちと協力して様々な活動に粘り強く取り組むことを決意しました。

　6年生の二人の学級担任の先生からの薦めもあり，子どもたちは修学旅行の前後で2枚のはがき新聞を書いて，修学旅行にかける自己修正の決意と修学旅行後の振り返りをまとめることになりました。

　はがき新聞は，公益財団法人理想教育財団が推奨する子どものための表現ツールで，はがきサイズの原稿用紙に100〜200字程度で自分の考えをコンパクトに要約しながら記述します。イラストを描き込んだり，枠を縁取りして彩色したり，小さな図や写真を貼り付けることもできるので，サイズは小さいながらも子どもたちの多様なアイデアや創意工夫で豊かな表現ができるようになっています。

　原稿用紙の罫線は4ミリから8ミリまで用意されていて，はがき新聞のサイズもはがき大のものから倍サイズのものまであるため，子どもたち一人一人のニーズや特性に応じることができます。

※はがき新聞の詳細は，当財団のウェブサイトを参照ください。

（https://www.riso-ef.or.jp）

　子どもたちは友だちからのアドバイスや認め合いの言葉をもらいながら，最高学年として立派に修学旅行をやり遂げ，大きく成長することができました。旅行中に友だちとうまくコミュニケーションが取れなかったり，いつものイライラが出てきたりしても，自己成長の目標をしっかり意識して自分の行動をうまくコントロールできました。

　その結果，修学旅行の満足度も大変高くなり，子どもたちにとって一生の思い出になりました。

はがき新聞を廊下に掲示して決意と達成感を共有

　6年生では，はがき新聞を書くたびに廊下の掲示コーナーのポケットに入れるようにしています。いつでも誰にでも見てもらえるようにすることで，自分の決意と達成感を多くの人々と共有し，保護者との連携のもと子どもたちの自己成長をうながそうとしているのです。修学旅行の成功は子どもたちの日々の学習への集中につながっています。

　はがき新聞の取組の流れは以下の写真を参考にしてください。

修学旅行の成果と自己成長について整理している

完成したはがき新聞を
友だちからほめてもらう

ほめほめ付箋紙を
はがき新聞に貼っている

友だちからもらったたく
さんのほめほめ付箋紙

書き上げるとすぐに廊下の
ポケットに入れて公開する

廊下に設置した
はがき新聞掲示コーナー

2．はがき新聞の作品例

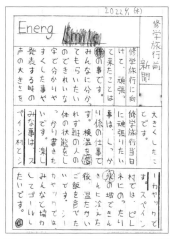

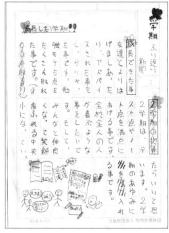

Aさんの成長はがき新聞
（上左）修学旅行前
（上右）修学旅行後
（左）　１学期の振り返り

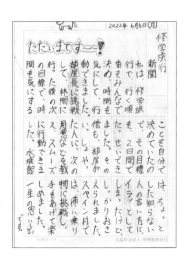

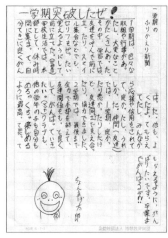

Ｂさんの成長はがき新聞
（上左）修学旅行前
（上右）修学旅行後
（左）　１学期の振り返り

　どの作品にも，学校行事にかける自己成長の決意と，それが修学旅行中の一人一人の努力によって達成した喜びに満ちています。

　自分で決めた自己成長目標を達成できたことの充実感が，さらに子どもたちに成長意欲を活性化しているようです。２学期以降の学習や友だちとの人間関係の改善に対して，新たな決意をしたことも見て取れます。

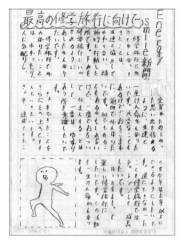
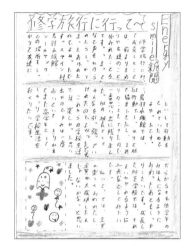
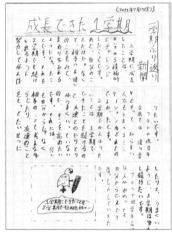

Ｃさんの成長はがき新聞
（上左）修学旅行前
（上右）修学旅行後
（左）　１学期の振り返り

　６年生という小学校の最高学年の子どもたちが，こうして自己成長への意欲を高め，意識をもって日常の取組を行い，そこから成長の達成感を味わうという「成長の好循環サイクル」が躍動し始めているのです。
　２学期以降の成長が楽しみです。

東京都大田区立都南小学校

あこがれのパティシエ

１．授業の特色とねらい

○第４章事例２(p.87)で紹介した道徳科の授業で，子どもたちが自己成
  長について学んだことを，「成長はがき新聞」で表現し，これからの
  自己成長について新たな決意をもった実践

授業者：関口侑羽教諭　　協力：江袋勇樹教諭

表現意欲が高まるはがき新聞

　日本の子どもたちの作文嫌いをなくすことが必要になっていますが，
はがき新聞は，少ない字数で気軽に楽しく自己表現ができることや，教
室に掲示したりクラウド学習システムでオンラインギャラリーを開いた
りして友だちや保護者からほめられる機会が増えること，自分らしい個
性的な表現を工夫できることなどがメリットとなって，子どもたちの表
現意欲が高まるのです。

　系統的な作文教育のきっかけづくりや友だちとの認め合う関係づく
り，自己表現に自信をもたせる授業づくりのために，はがき新聞を活用
することをお薦めします。

２．はがき新聞の作品例

　本授業においては，２時間小単元の終了後にすき間時間を利用して，
子どもたち一人一人ではがき新聞の作品づくりに取り組みました。

　はがき新聞には，新聞名を書く欄と3段組になったマス目があります。その形式を生かして，3つの視点から自分の考えを書いてみるようにアドバイスすると書きやすくなるでしょう。

自分の成長を3つの視点からまとめたはがき新聞

　上の作品では，
① 　自己成長学習によって学んだこと
② 　友だちからもらったアドバイスで参考になったこと
③ 　自分の夢やこれからの自己成長の在り方
という3つのポイントを押さえた記述がしっかりとできています。

「はがき新聞オンラインギャラリー」

　関口先生は，はがき新聞が完成したら，それをタブレットで撮影し画像ファイルを Google Classroom にアップして，友だちの成長はがき新聞に「応援メッセージ」を書き込むように伝えました。子どもたちは，すき間時間を有効利用して，友だちの作品に中学校へ向けての励ましのコメントをたくさん付けていきました。

「友達のアドバイスをこれからに生かして中学校でも頑張ってください！」
「○○ちゃんなら絶対できると思います！！　ほんとにきついなって思ったら友達とかに頼ってみてください。」
「○○さんには，たくさん元気をもらっていたので，目標に向けて頑張ってください！！　応援してます！」
「友達のことを大切に考えられていると思います。」

　友だちから温かいメッセージがあり，子どもたちの喜びにつながったことがわかりました。
　こうした友だちどうしで自己成長力を高め合う「はがき新聞オンラインギャラリー」の取組が広がっていくことを期待しています。

※　授業者，協力者の所属は実践当時

事例７　中学校１年　夏休みの課題
愛知県尾張旭市立旭中学校
私の挑戦新聞をかこう！

１．授業の特色とねらい

　ここで紹介するはがき新聞は，本書 第４章事例３（p.95）で紹介した「私の新たな挑戦！」の授業の発展学習として，子どもたちが長期の夏休みに自己成長していく目標を決めて実践し振り返りをした様子を書き綴った生徒作品です。授業の詳細は，そちらを併せてご覧ください。

　授業者：彦田泰輔教諭

　１学期末に行った特別活動の授業「私の新たな挑戦！」で，彦田先生は生徒たちに夏休みの課題として，成長はがき新聞を書くように指示しました。そして，生徒たちは８月末の登校日に完成した作品を持参することになりました。

　その１か月の間に，生徒たちは思い思いに，夏休みに挑戦する目標を決めてそれを実施し，その成果と課題，２学期の取組の見通しや決意などを書いてくるのです。

　彦田先生が授業中に指示したはがき新聞の構成の基本型は，次のようになっていました。

○**タイトル**　　　自分を創る
○**一段目の内容**　成長力レーダーチャートで診断した自分の課題
　　　　　　　　　「向上心」についての自分なりの定義
○**二段目の内容**　自分を創るために夏休みを利用して取り組む目標

○三段目の内容　　夏休みに挑戦したことの成果と課題
　　　　　　　　　２学期へ向けての見通しと自己宣言
　　　　　　　　　友だちからのコメントや応援メッセージ

２．はがき新聞の作品例

　生徒たちは，思い思いに夏休みに挑戦することを設定しました。まだ
中学校１年生ですから，その目標も高度で高尚なものとは限りません。
料理が上手になりたいといった身近なものから，自分に合った勉強法を
見つけたいといったまじめなもの，部活で活躍したいといった中学生ら
しいものまで，多種多様な目標がありました。

　長い夏休みとはいえ，自己成長を生み出すには十分とはいえない期間
で，生徒たちは自分なりに精一杯自己設定目標に挑戦しました。そして，
達成したものと未達成なものを整理して２学期に向けた成長課題を書き
記しました。

　ある生徒は，友だちのはがき新聞に次のような応援メッセージを書き
込んでいました。

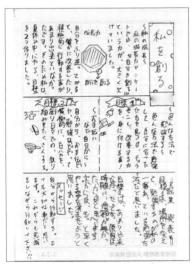
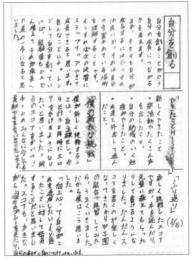

「自分から行動する。とても大切な事だと思います。これからも意識を
しながら行動してください！！」

　自己成長は，周りの人との関わりを通して生み出されていくのです。
このような友だちからの温かいメッセージは，きっと友だちへの成長へ
良い影響を与えてくれることでしょう。

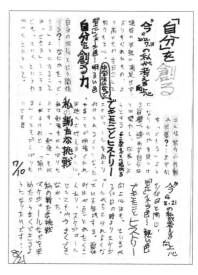

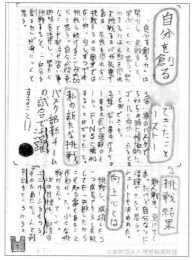

生徒のはがき新聞の文例から
それぞれの生徒が真摯に
自己成長を生み出そうとして
努力している様子が読み取れる

成長について考えよう！

１．授業の特色とねらい

　この授業は，第4章事例4（p.101）で紹介した尾張旭市立旭中学校3年生の自己成長学習の発展として，生徒たちが作成した「成長はがき新聞」の取組例です。

　授業者：彦田泰輔教諭

　生徒たちはすき間時間を活用して，特別活動で行った自己成長学習の成果を作品として仕上げました。

【はがき新聞の教育効果】

① 書くことで決意を深めることができる

② 学習成果を振り返って実感することができる

③ 短く要約して自分の考えや感想をもつことができる

④ 自分と向き合い自己理解をすることができる

⑤ 書くことの苦手意識を軽減し自己表現への自信がもてる

　彦田先生は，はがき新聞の実践をすでに10年以上継続していて，1年間で5枚程度の作品を学級担任や教科担任として生徒たちに書かせてきました。これらの作品は，そうした豊かな指導経験と子どもたちの創作意欲に支えられた優れた実践の成果といえるでしょう。

２．はがき新聞の作品例

自分らしく表現できるはがき新聞

　生徒たちの作品を見ていただくとわかるように，どれもしっかりと自己を見つめ，成長のための意識と努力の在り方を考え，そして自分の将来の夢を実現するための自己の生き方をしっかりと宣言できていることに感動すら覚えることでしょう。

　また，それぞれの生徒の個性もはっきりと表されていて，作品を読み合っている友だちにも学びが大きく，友だちどうしで触発し合って成長している様子がよくわかります。

☆Aさんのはがき新聞

　小学校の自分と比較した現在の自分の成長を中学校での行事体験をもとにして見つめ，さらなる高等学校での成長目標につなげています。

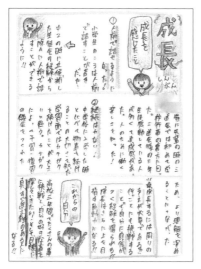

Aさんの成長はがき新聞

☆Bさんのはがき新聞

　成長することの特徴を自分なりに定義して高等学校へ向けての目標宣言をしっかりと書いています。

B さんの成長はがき新聞

☆ C さんのはがき新聞

　部活でのライバルとの競い合いから成長があったことを認めつつも，現在の自分には明確な夢がないことを自覚して高等学校での努力を決意しているようです。

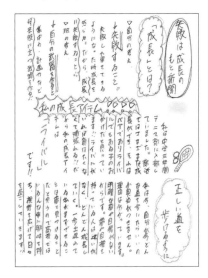

C さんの成長はがき新聞

☆Dさんのはがき新聞

　偉人の名言を引用するというユニークなアイデアをとりながら，自分の成長を見守り支えてくれる周りの人への感謝の気持ちを大切にして，これからの目標を「ごめんなさいの数よりありがとうの数の方が多い人生」を歩みたいという決意を書いています。

Dさんの成長はがき新聞

　ある作品の中には，「成長とは案外気づきにくいものだからこそ，今回の授業のように今までの自分を振り返り，未来の自分を描くことで新たな成長のきっかけになる」という意見もあり，自己成長学習の価値と有効性を，生徒の側から言い当ててくれたことに感謝します。

　どれ1つの作品も何かを真似したのではなく，自分らしさを発揮して自分の言葉で自分の思想を語っているのです。国語科だけでなく，どの教科・領域でもわが国の表現教育では達成できなかったことが，はがき新聞という小さくて薄い紙の世界で実現しているのです。

　はがき新聞の取組は，だれでもすぐに始められます。最初は行事や自己紹介をテーマにして気軽に書かせて，徐々に教科学習のまとめや学級の友だちへの提言というような高度な活用に発展させていくとよいでしょう。

第 **6** 章

教科学習における
成長発表会

自己成長をうながす授業実践　Part 3

事例9　小学校2年　生活科
大阪府大阪市立西淡路小学校

成長発表会をしよう

１．授業の特色とねらい

　小学校の低学年では，生活科の単元で子どもたちに成長を実感させる評価セッションを体験させるとよいでしょう。生活科は，低学年の子どもたちにとって自己成長を最も体感しやすい教科です。なぜなら，生活科は総合的な学習の時間と同じように実体験が豊富にあるため，「できるようになったよ！」という実感をもちやすいからです。

○学校農園で育ててきたダイズとサツマイモを収穫し，それを地域の料理名人といっしょに豆腐とスウィートポテトにして収穫のお祝いをする単元

　授業者：木村雅子教諭

２．子どもたちの学習活動の流れ

　この学級では，すでに１年生の時に，年度末の生活科の成長単元で身

に付けた力を自己評価して友だちとほめほめ会をしたり，発表会をした
りした経験がありました。その経験を生かして，2年生でも身に付けた
資質・能力の可視化と自覚，共有化のための学習評価を行わせました。

観点別自己評価をうながす「自分発見カード」

　2年生になって本単元の開始時に，生活科の授業でどのような力を付
けたいかについて，子どもたちに観点別自己評価を行わせるための「自
分発見カード」を継続的に書かせていることも参考になります。
　例えば次のような評価観点を書いておくのです。

- たんけんのけいかくをしっかりと立てることができた。
- インタビューでたいせつなことをきいてくることができた。
- 友だちときょうりょくすることができた。
- かみしばいや劇でわかりやすくはっぴょうすることができた。
- じぶんでひとつねらいをきめよう。

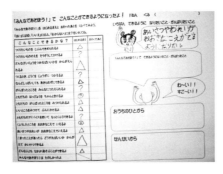

生活科で身に付ける力を
書いた一覧表

単元の最後に行う評価セッション

　そして単元の最後の場面に，2時間の評価セッションを設けて自己成
長シートの作成から班でのミニ発表会，ほめほめカードの交換という一
連の活動を行いました。
　次のような問題解決的なスキルから1つを選んで，A3判の自己成長
シートに写真と文章でまとめさせました。

- 「発表が上手にできるようになったよ」
- 「発表の原稿用紙をしっかりと書けたよ」
- 「インタビューが恥ずかしがらずにできるようになったよ」
- 「発見カードをたくさん書いたよ」

できるようになったことを
絵と文でまとめた

友だちにほめほめカードを
渡している

自分の成長をみんなの前で
発表している

子どもが作成した
自己成長シート

3．自己成長力を伸ばす子どもたちの学び

　評価セッションでは友だちとの交流が大切です。そこで，生活班で一人ずつ自己成長シートに基づいて発表した後に，友だちどうしで自己成長シートを見せ合って，「成長おめでとう！」「○○できるようになってよかったね！」というお祝いや共感の言葉を伝え合うようにしました。

生活班で写真と文章を
組み合わせて発表している

ほめほめ言葉をもらって
笑顔がこぼれている様子

次に，生活班で一人４枚ずつほめほめカードを書かせて友だちにプレゼントしました。

　その中の１枚は，自分をほめるためのカードになります。やはり，友だちからほめてもらえると，低学年に限らず子どもにとって大変うれしいものです。そのことが，友だちと協力する態度や次への学習意欲となって自己成長力の向上につながるのです。

友だちの成長や自分の成長を
お祝いするために，
ほめほめカードを書いている

　生活科ではこのようにして，年度末に設定されている「成長単元」だけでなく，年度の途中でも単元を１つ選んで，友だちの成長をみんなでお祝いし励まし合う評価セッションを実践するとよいでしょう。

※　授業者の所属は実践当時

事例10　小学校4年　算数科

兵庫県伊丹市立瑞穂小学校

算数成長おめでとうの会

1．授業の特色とねらい

〇小学校4年生の算数科の時間を使って，自分が1年間の学びを通して
　身に付けた多様な資質・能力を振り返り，成長発表会をする

授業者：植松佰代教諭

　算数科の学習指導要領や教科書には，成長発表会をするという活動は
入っていませんが，算数の学習が苦手な子が増えてくる中学年の子ども
たちに「できるようになった喜び」を実感させ，算数の学習により積極
的に取り組めるように自信をもたせることをねらいとして計画的に年度
末に行った授業です。

年度末に行われた
算数科成長発表会

２．子どもたちの学習活動の流れ

▷子どもたちに算数科で身に付けてほしい力について話す

- 算数は教科ですから，身に付けてほしい力は教科学力ですが，植松先生は学力観を広くとらえて３つの基礎的な力を明示しました。

〈算数科の学びを支える大切な３つの力〉

①算数の基礎・基本をしっかり身につける子

- あきらめず学習にとりくむ
- 準備をきちんとする
- 話をしっかり聞く

②楽しく学べる子

- がんばる目標を決めてとりくむ
- 工夫して学習にとりくむ

③お互いに高めあう子

- お友だちのよさを認め，自分の意見をもつ
- 教えあい，学びあい，高めあうつながりを作る

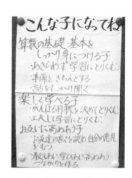

身に付けたい力の掲示

▷単元ごとに算数科における成長（できるようになったこと）を，「お友達のいい所を見つける自分が好き」と題する手作りのミニノートに継続的に記録する

友だちのよさやがんばりをメモしておくミニノート

▷その成果を単元末に数枚の付箋紙に書き取る

- 印象ではなくはっきりとした事実で実感をもって友だちの成長をほ

めたり，自分の成長に気づいたりできるようにします。

友だちの自己成長シートに
貼るために，ミニノートの
メモを付箋紙に写す

▷子どもたちどうしで付箋紙を交換し合って，「成長おめでとう！」と
　いうお祝いの言葉をかける

友だちへのほめほめ言葉を
書いた付箋紙をプレゼントする

▷もらった付箋紙は，自分の成長シートに貼って保存する

友だちからもらった
ほめほめカードを自分の
自己成長シートに貼り付ける

▷自分の成長シートを見ながら友だちからもらった付箋紙の内容も加え
　て，自分の算数科における成長を発表する

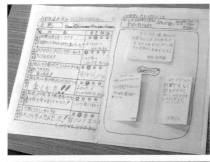

毎時間がんばったことを
書いて友だちからもらった
ほめほめカードを貼り付ける

友だちから認めてもらった
自分が算数科で成長したこと
をクラスのみんなに発表する

▷年度末に成長発表会を行う

お立ち台に立って，１年間
算数科でがんばったことや
できたことを自信をもって
発表する

３．自 己 成 長 力 を 伸 ば す 子 ど も た ち の 学 び

算数の自分の成長を発表する「おめでとう会」

　「おめでとう会」の当日には，子どもたちはやや恥ずかしそうにしながらも自信をもって，先生が用意した「お立ち台」に昇ってこの1年間に算数の学習を通して身に付けた力を発表しました。

　興味深いことに，子どもたちが発表した内容を聞いてみると，算数科の教科学力，例えば計算力や考える力などよりも，

　「忘れ物をしなくなった」
　「計算プリントでどこが間違っているか自分でわかるようになった」
　「宿題をしっかりやれるようになった」
　「家でも（料理をしていて）分数が使えるようになった」
　「友だちに教えられるようになった」

といった，生活習慣や学習習慣，そして学級力に関係する力が多く上げられていました。

自己成長発表会で発表した項目を
まとめた成長カード

これから5年生になって算数科で
もっとがんばりたいことを書く

教え合い高め合う算数科学習

　この実践から小学校の算数科の学習は，一人で学ぶのではなく子どもたちどうしが教え合い高め合う関係の中で行われるべきであることがわかります。植松先生が，付けたい力の一覧表の中で，「教えあい，学びあい，

高めあうつながりを作る」という表現でそのことを的確に表していることが印象的でした。

単元テストで
ほとんどの子どもが
100点を取るようになった

　また，４年生で「付けた力」の発表で終わることなく，子どもたちは成長シートに，これから５年生になって「さらに付けたい力」を書き終えていたのです。
　子どもたちが，大変意欲的にそして見通しをもって自分の成長を推し進めている様子がわかりました。

　　　　　　　　　　　　　　　　　　※　授業者の所属は実践当時

事例11　小学校6年　国語科

大阪府大阪市立本田小学校

「言葉の力」新聞交流会

１．授業の特色とねらい

○国語科の資質・能力である「言葉の力」を各学期の単元でどれほど身
　に付けてきたかを，それまでの学習ノートやワークシートを振り返り
　ながら自己評価し，友だちからほめ言葉をもらうことを通して自覚す
　るとともに，次の学習への見通しをもつようにした取組
○冬休みの宿題として子どもたちが作成した「言葉の力新聞」をグルー
　プで共有して認め合うとともに，３学期の学習単元を見通してさらに
　どのような資質・能力を身に付けるとよいか，そのためにどのような
　学習改善が必要かを意識化させるために１月中旬に行われた

　授業者：流田賢一教諭

国語科で子ども主体の学習評価を

　東京書籍の小学校国語科教科書では，２年生以上の各学年で，学期
の終わりや学年末に，１ページもしくは２ページを使って，「言葉の力」
が身に付いたかどうかを振り返るためにグループ対話をするようになっ
ています。これは，小学校の国語科教科書としては画期的なページで，
中央教育審議会答申（平成25年）において「主体的な学び」の特徴と
して定義された「身に付けた資質・能力の自覚と共有」を具体化したも
のです。なお，光村図書の中学校の国語科教科書では，すでに旧教育課
程のうちから，こうした振り返りのページは各学年の最終単元として位
置付けられていましたが，実際には未実施のままになることがほとんど

でした。

　新しい学習指導要領では，各教科・領域において育成を図る資質・能力が明記されたことから，子どもたちの資質・能力を育てる教育を行うことが謳われたわけですが，その一方で，子どもたちこそ，「主体的・対話的で深い学び」を通して自ら身に付けようとする資質・能力を自覚したり友だちの相互評価を受けたりすることが必要なのです。

　つまり，子どもたちが身に付ける資質・能力を意識して積極的に学ぶことこそが，「主体的に学習に取り組む態度」の中心であるべきなのです。そうした子ども主体の学習原理を実現したのが，この教科書教材の工夫点です。

　授業者の流田先生は，子ども主体の学習評価の重要性を早くから認識して，6年生の国語科の授業において日頃から身に付けるべき資質・能力を子どもたちに意識化させるように配慮してきました。

　例えば，授業の開始時に本時で身に付けるべき資質・能力を板書したり，単元ごとにノートに身に付いた資質・能力を箇条書きにして振り返らせたり，評価チェックシートで身に付いた資質・能力に印を付けて自覚させたりといった工夫を継続してきました。

2．子どもたちの学習活動の流れ

▷本時の学習課題を理解する

一人一人が宿題として書いた
「言葉の力新聞」

▷「言葉の力新聞」をペアで読み合い，付箋紙にほめ言葉を書く

ペアで新聞を読み合う

▷グループで「言葉の力新聞」を読み合う

グループで新聞を読み合う

▷付箋紙を交換して，友だちのよいところを認め合う

付箋紙でほめ言葉を
送り合う

▷自己評価シートを付けて振り返り，今後の学習改善の見通しをもつ

成果物（作品）を見ながら
自分の学習を振り返る

▷振り返ったことや自覚したことを，全体に発表する

▷３学期の学習単元を見通して，身に付ける資質・能力を自覚する

３学期単元の資質・能力を
見通す

▷３学期の学習に向けての学習目標を設定する

これからの３学期の学びを
見通す

３. 自 己 成 長 力 を 伸 ば す 子 ど も た ち の 学 び

　こうした活動構成を仕組むことで，子どもたちの学習評価を１時間の授業として成立させるとともに，「資質・能力の自覚と共有」を主体的に行う力，つまり自己評価力と相互評価力を育てようとしているのです。

ペアトークやグループ対話の中で

　子どもたちは友だちの「言葉の力新聞」だけでなく，１学期から２学期にかけて学んできた成果を示すいろいろな作品（作文やノートなど）を見て，新聞に書かれていることがしっかりとした根拠のある事柄であるかどうかを確かめていました。本時では，学習評価の対象として新聞で取り扱う単元を，物語と説明文，意見文に限定していることから，子どもたちは友だちが創作した物語や意見文などの作品を振り返って読むことを通して，具体的で肯定的なほめ言葉を付箋紙に書いていました。

☆Ａさんの「言葉の力新聞」の記述から

物語の学習を通して身に付けた資質・能力

「経験やこれまでの学習を生かして学習できた。」

「いろんな人と意見を交流していき，最終的に意見をまとめることができた。」

「意図を伝えるのに適したことを選び話せた。」

「登場人物の気持ちを考えて読むことができるようになった。」

説明文の学習を通して身に付けた資質・能力

「大事なところを重点的に考えたり，読んだりすることができるようになった。」

「筆者の気持ちを考えて読むことができた。」

「他の人の意見について，なぜそうなったかを考えることができた。」

「資料を読み取るのが難しかったけど，友だちに教えてもらってできた。」

単元ごとに自己評価カードで振り返り

　授業の後半では，子どもたちはペアトークやグループ対話を通して行った「言葉の力新聞」の振り返りを参考にして，これまでに学んだ国語科の単元の１つを対象にして，詳しい振り返りカードに単元ごとの振り返りを記入しました。今回は，流田先生が，対象単元を「新聞の投書を読み比べよう」にしていました。

振り返りカード
（「新聞の投書」）

　振り返りカードには，以下のようにこの単元で身に付けるべき資質・能力が４項目並べてあり，その後に自由記述で振り返りを書くようになっていました。

〈自己評価項目〉
　　1　身についた力（◎・○・△から一つ選んで，その理由を書く）
　　　　① 説得の工夫を使う力
　　　　② 説得する文章構成を考える力
　　　　③ 自分の主張を考える力
　　　　④ 反対意見に対する反論を考える力
　　　　⑤ 比較して読む力（児童が自己設定した評価項目）
　　2　具体的に身についた力を説明しましょう。（自由記述）
　　3　これまでの学習で改善したいことは，どんなことですか。
　　　　（自由記述）
　　4　これからの学習で，もっと身に付けたい力は何ですか。（自由記述）

☆Ｂさんの自己評価シートの自由記述欄
「より納得してもらえるように，自分の経験なども含めて書いた方が良いけれど書けなかった。」
「より相手に納得してもらえるように，自分の経験・数値などを書いていく力を身に付けたい。」

　これからは，学習評価をして終わりとするのではなく，その後の学習改善の在り方を考えさせたり，もっと身に付けたい資質・能力を意識させたりすることが大切です。
　授業の終盤では，新聞をもとにした振り返りをふまえて，子どもたちは３学期の学習を通してさらに身に付けたい資質・能力を振り返りカードに書いて意識化しました。

☆Ｃさんの【３学期の目標カード】
（用語）用語集を活用し，授業で分からない言葉を調べる。
（内容）分かったことなど自分の考えを授業で発表する。
（態度）発表している人の意見をしっかりと聞き，自分の考えを述べる。

　ここでも，学習評価をして終わりにするのではなく，次の学習の見通しをもって，それまでの自分の学習を改善し，さらにどのような資質・能力を身に付けたいかという意識まで自覚していることが大切です。

４．身に付けた言葉の力の振り返りを 肯定的に受け止める子どもたち

　子どもたちの授業中の学びの姿を見てみると，とても集中して楽しそうに振り返りや付箋紙の交換，認め合い活動を行っていました。自己評価においても相互評価においても，「資質・能力を習得した！」という自己成長力の向上が実感できるため，この活動に意義を感じるのでしょ

う。子どもたちの心の中では，国語科の学習が楽しくなっていることやそれを通して自信と自尊感情を感じ始めていることもうかがえました。

　一例として，ある児童が本時の感想として書いた文章を紹介しましょう。この学習がいかに意義あるものであったかを豊かな思いとともに語っていることが印象的です。

☆Ｄさん
「相手が身につけたことを聞いて，まだ自分が身につけていなかったことがあって（本で調べること），これからは自分が身につけられるようにがんばりたい。相手や自分が身につけた力が，あらためて知れてよかった。自分が気づいていなかったことも分かって，私自身も相手が気づいていなかったことが分かって，とても学ぶことができた。次もこのようなことがあってほしいと思った。」

☆Ｅさん
「いろんな人の新聞を見て，その人のいいところはマネしようと思った。そして，自分のダメなところは改善したいと思った。班の人の新聞はわかりやすい工夫があったり，読み手にていねいだったので参考にしたい。話し合い，交流することで身についたことが詳しく分かった。」

　このような学習感想から，資質・能力を意識化させる成長発表会のよさを，子どもたちは，資質・能力の気づきと学習改善の大切さとしてとらえていることがわかります。こうした学習の継続についても希望をもっています。

　全ての教科での実施は時間的に難しいと思いますが，特別活動でのキャリアパスポートづくりと関連づけるなどの工夫をして，各学校で計画的・継続的な取組にしてください。

　　　　　　　※　授業者の刊行時の所属：大阪市立堀川小学校

兵庫県西脇市立重春小学校

随筆を書こう！

１．授業の特色とねらい

○小学校６年国語科「随筆を書こう！」の単元で，子どもたちが６年生になってからの自分の成長を振り返り，その過程の特徴をまとめるとともに，中学校に向かっての決意を書く実践

授業者：竹本晋也教諭

自分の成長を友だちに伝える学習

　新学習指導要領の下での新しい国語科教科書では，書くことの単元として随筆を取り上げなくなっていますので，例えば，将来の夢をスピーチで伝える単元や，思い出を詩や短歌にして書く単元，座右の銘を１つ選んで自分の経験や思いを書く単元で，本実践と同様にして自分の成長を具体例とともにわかりやすく書いたり話したりして友だちに伝える学習を行うことができます。

　６年生の国語科における書いたり話したりする学習では，表現内容は特に規定されていませんから，例えば，「体験に基づいて書く」ことや，「座右の銘を決める」「思い出を伝える」「夢を語る」といういくつかの条件を守れば，６年生という最高学年であり，かつ中学校への進学を目前に控えている発達段階にある子どもたちにとって，自分の成長を概念と体験を関わらせながら豊かに描き出すことは，大変表現意欲が湧く意義深い活動になります。

　自分の成長を見つめて書き表すのは，子どもたちにとって小学校２年

生の生活科の成長単元やそれと関連づけた国語科での成長物語づくり以来，4年ぶりのことになるでしょう。そのときに書いた作文が残っていれば，それを読み返しながら本単元の学習を始めてみても面白いでしょう。

2. 子どもたちの学習活動の流れ

　この単元では，次のような流れで自己成長を語る随筆を書いていきました。

▷随筆の特徴について新聞の投書などをもとに調べてまとめる

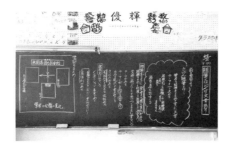

随筆の特徴を整理した板書

▷国語科と並行して日常活動として「自己成長シート」を書く

「自己成長シート」に
自分の姿や夢を書く

▷自分の姿を長所と短所の両面からウェビングにしてまとめる

自分の長所や短所の具体例を
ウェビングする

▷随筆の構成の型を，双括型・頭括型・尾括型から１つ選ぶ

随筆の構成の型を決める

▷「自己成長シート」と自分ウェビングから書く材料を付箋紙に書く

表現材料を
「自己成長シート」から探す

▷ ６色の短冊それぞれにあらすじを書いて，段落の順序性を検討する

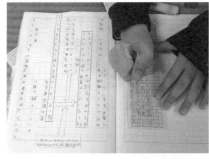

あらすじを色別短冊に
書いていく

短冊それぞれを段落にして
内容を構想する

▷ 友だちとあらすじの内容と語りの順序を相互評価する

友だちの短冊をみて
相互評価をする

▷短冊の順序が決まったら，台紙に貼り付けてあらすじを推敲する

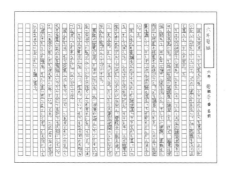

色別短冊の順序が決まり
赤を入れて推敲している

▷原稿用紙に清書する

完成した自己成長を語る随筆

竹本先生が実践の中で子どもたちに強調したこと
○随筆は物語文と説明文の２つの特徴をあわせもった作品である

　物語文の特徴としては，「登場人物の心情変化が表現されていること」です。つまり，私という物語の主人公が６年生になって色々な体験を通して成長していく過程で不安や悩み，喜びや希望などの多様な感情をもったことでしょう。そのことを，豊かにそして鮮やかに描き出していくことが大切です。

○自分の成長をうながした中心的な経験は何かを発見し，その前後での自分
　の在り方を対比的に描き出す

　いわば，自己成長のビフォー・アフターを書くのです。中心的な経験
は，人それぞれ異なります。地域スポーツクラブでの体験であったり，
習い事であったり，学校の勉強や友だちとの関係であったりするでしょ
う。また，中学校へ向けた決意や将来の夢も様々でしょう。そうした多
様性によって，一人一人の随筆のよさと個性が生まれるのです。

　これらの随筆の特徴を守ることで，自分も達成感を感じ読み手も納得
や感動を味わえる作品になるのです。この２点にしっかり取り組めば，
あとは相互評価と推敲が大切です。

３．自己の成長を綴る子どもたち

　子どもたちは，しっかりとした授業構成のもとで，自分の成長を豊か
に綴っていきました。活動の流れがスモールステップになっているので，
書くことに困り感のある児童も安心して書き進めていました。
　随筆を書くことを支援する手だては，次の３点です。

○随筆の構成の型を図解で色別に可視化

　主張点，経験の具体例，登場人物の心情，成長していない自分の描写，
成長した自分の描写，中学校へ向けての決意という６点を色別短冊にし
て見やすくすることで，子どもたちは何をどの順序で書けばいいのかが
わかりやすくなりました。

○成長前の自分の姿と成長後の自分の姿を図式的にとらえる構造図を示す

　６年生で得た中心となる経験がどのようにして自己成長をうながした
のかをしっかりととらえられるように，図式化することによって，自分
の成長を客観的にとらえることができるようになりました。

○6色の短冊を用意して，その並べ替えを試行錯誤する時間を設定する

　表現材料のメモをもとにして短冊を1枚ずつ完成させることを優先し，順序を後でゆっくりと構成の型と関連づけて考えればよいようにしました。子どもたちは，どうしても作文を書く時には書き出しの工夫が思いつかずに鉛筆が止まってしまうことが多いのです。

　また，あらすじのパーツを並べ替える作業をすることで，よりわかりやすい豊かな表現にするにはどうしたらよいかという，作品の構成の型の効果についても意識させることができます。

相互評価と推敲を大切に

　自分の成長を語る随筆は，内容が身近な友だちの事実に基づいていることから読んでいて楽しく，なるほどという驚きもあるため，推敲という難しい作業にも集中して取り組めるのです。もちろん，あまり多くの作品を読んでしまうと，鑑賞会での楽しみがなくなってしまうので配慮が必要です。また，個々人のこだわりや経験のユニークさをなくしてしまうことがないように，あくまでもわかりやすさや文法事項に限定した推敲に限定することも大切です。

4.自己を表現することの価値

　最後に，この授業の大きな成果を感じ取られる作品を紹介します。

題名　**六年菊組**　　名前　**M.F.**

　ぼくは四月，クラス替えの時，クラスの人たちを見ると，よく知らない人がたくさんいて，この人達と今年はいっしょに勉強するのかと思うと，少し不安だった。

　クラスの仲が少し深まってきたころ，リレー大会の練習が始まり，みんな必死になって休み時間や放課後に練習した。けど，結果は四位に終わり，みんなで悔し涙を流した。そして二学期，運動会に向けて何度も何度も立体ピラミッドを練習してきた。このような

行事を通して，少しずつみんなの絆も深まって不安もだんだん消え
ていった。

　ぼくは六年菊組はどのクラスよりも絆が深いクラスだと思ってい
る。そしてぼくは，このクラスのおかげで，クラスはただ授業を受
けるためのグループみたいなものではなく，普段から教え合ったり，
支え合ったり，はげまし合ったりする大事な仲間のようなものなん
だと気づくことができた。

　国語の授業で習った「海の命」では，太一が海の命というとても
大切なつながりに気づくことで，その後もとても幸せになっていた。
つまり，クラスが幸せになったり，変わっていったりするための大
切なつながりでもあるんじゃないだろうか。

　ぼくたちは，もう卒業してしまう。けど，これからもこのすごく
大きな思い出の六年菊組というクラスのつながりを大切にしていっ
て，これからぼくたちが大きくなっていっても，このようなつなが
りができたりした時は，すごく良い思い出としてずっと大切にして
いけるようになりたいと強く思う。

【文献】
1　竹本晋也「6年生国語科『随筆』の実践―自分を見つめ直して見えてくるもの」
　田中博之編著『学級力向上プロジェクト』pp.113-119，金子書房，2013

※本事例は 2011 年度実施

事例 13　中学校 1 年　道徳科

愛知県尾張旭市立旭中学校

向上心ってなんだろう？

1 ．授業の特色とねらい

▶**内容項目**：中学校道徳科「向上心，個性の伸長」

▶**ねらい**：自己を見つめ，自己の向上を図るとともに，個性を伸ばして充実した生き方を追求する

▶**学習目標**：生徒が向上心という道徳的価値を理解し，自己を見つめ，人間としての生き方を多面的・多角的に深く考え，自己成長への実践意欲をもつ

　　授業者：彦田泰輔教諭

○教科書を用いずに独自教材を作成して取り組んだ道徳科教育

　独自教材とは，従来の読み物教材ではなく，次の 2 つです。

• 「向上心」を中心において生徒が各自で作成したウェビングシート
• 家族に「向上心」についてインタビューした内容をまとめた一覧表

　その意味で，教材ではなく学習材と呼ぶことにしましょう。

　どちらの学習材も，本時までの宿題として課しておいて，授業では，各班でそれぞれのワークシートを友だちと共有して，よい内容を合意しながら選択し，本時の「心の関係図」に書き込んでいきました。

　各班で作成する「心の関係図」のワークシートには，向上心と自己成

長の関連性を意識できるようにした記入欄が設定されています。向上心と自己成長力は重なる部分が多いため，両者の関連性を意識させることで，道徳科の授業として，自己成長について考える時間を設定できるのです。

　なお，この道徳科の授業は，1時間で実施したものですが，同日に実施した特別活動の授業（**第4章事例3**「私の新たな挑戦！」p.95）と関連性をもたせることで，自己成長について考える教科横断的な2時間小単元を構成しています。

2．子どもたちの学習活動の流れ

▷宿題の確認と本時の学習課題の設定

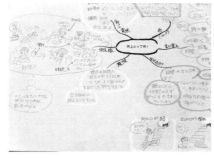

宿題で描いてきた
ウェビングシート

宿題で書いてきた
インタビューシート

▷班ごとに一人一人のウェビングシートの内容の共有

▷「心の関係図」に「向上心」の定義を協働しながら記入

班ごとに「心の関係図」を
作成する

▷「真心カード」を数枚貼り付けて「心の関係図」を完成

協力して「真心カード」を
貼る

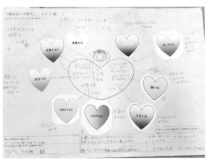

完成した「心の関係図」

▷「心の関係図」をタブレットで撮影し全体に定義を発表

タブレットで
「心の構造図」を撮影

各班から定義を発表し
全体で共有する

グループワークの話し合いはマニュアルに沿って

　生徒たちが，できる限り「主体的・
対話的で深い学び」として向上心とい
う道徳的価値の定義を行うことができ
るように，通常の一斉指導形態ではな
く，班単位でのグループワークを中心
にした展開にしました。

　そのため，「話し合いの進め方：司会
進行マニュアル」を各班に配付し，司
会者を一人選び，このマニュアルに沿っ
て話し合いと「心の関係図」の作成を
主体的に進められるようにしました。

生徒が使う
「司会進行マニュアル」

３.「真心カード」で向上心を定義する

本時で活用した道徳ツール

○「真心カード」

　道徳科の内容項目を子どもたちにわかりやすく可視化するために，色を付けたハート型のカードに，「感謝の心」「素直な心」「やさしい心」「成長する心」といった用語が書かれた18枚のカードです。中学校の道徳科の内容項目は22個ありますから，１つの「真心カード」には複数の内容項目を意味する用語を書いています。

　このカードによって，子ども主体の新しい道徳科学習が成立します。内容項目を子どもたちにわかりやすく可視化し，内容項目を子どもたち自身が選んだり組み合わせたりして操作しながら，価値の定義づけや深い理解のために言語化していくことを可能にしてくれるのです（文献１参照）。

　「真心カード」は，子どもたちが内容項目の「可視化・操作化・言語化」を行うことにより，「内容項目の相互の関連を捉え直したり発展させたりする」（中学校学習指導要領「特別の教科 道徳」p.142）ことを通して，人間としての自己の生き方を多面的・多角的に考えることをうながす道徳科の判断ツールなのです。

○「心の関係図」

　自分の心の中の道徳的葛藤や道徳的価値の定義内容の多面性を，「真心カード」や「天使と悪魔カード」「ポジティブ・ネガティブカード」などを貼り付けながら外化・可視化するものです。

　これまでの道徳教育では，道徳的に正しい正解を書いたり発表したりすることを大切にしてきましたが，これからの道徳科教育では，人間の心の複雑性や多面性を可視化して受容し，その基盤の上に子どもたちが自らの人間としての生き方を考えることを支援することが大切です。

　本時では，この２つの道徳ツールを組み合わせて用いることで，生徒

たちが主体的に班や学級全体での対話を通して，自己成長力としての向上心はどのような考えや行為，態度から成り立っているのかを考えることができるのです。

　具体的に生徒たちの定義づけを見てみましょう。

☆Ａさん　「向上心」のウェビング
○ 自分の能力を上げたいと思う
　　勉強，運動，忍耐力
○ 自分から
　　学ぼうとする，行動する，運動する，仕事する
○ 生活をよくしようとする
　　苦手を得意に，
　　怒られてからやるんじゃなくて怒られる前に行動する
○ がんばろうとする心
　　やると決めたことをやりとげる
○ あきらめない心
　　結果をよくしようとする心
○ メンタル
　　失敗して笑われても，最後までやりとげる

☆Ｂ班　「心の関係図」
○ 現在の状態に満足せず，よりすぐれたものより高いものを目指
　　して努力する心
○ 高い目標に向かって努力する
○ 目標を持って努力する
○ 目標を達成しようとする心
○ 人間の発達に必要な心
○ 前向きな気持ちで物事に努力する
○ 上の段階へ行くために努力すること
○ 反省をし，より良くしていこうという心

○ あきらめない心
○ 習い事でも仕事でも、「自分の中での反省」「協力」「相談」「想像」
「経験」「目標・狙い」「なりたい自分の姿」、これらがまた次の「経験・向上心」につながる。

☆C班　「心の関係図」の周りに貼り付けられた「真心カード」のコメント
○ 成長する心　　できなかったことを何回もくり返す
○ 役立つ心　　　成長へとつながり，未来のために役立つ
○ 大切にする心　自分らしく生きる
○ つながる心　　友だちと支え合う
○ 大きい心　　　大きな決断だから
○ 強い心　　　　失敗したことをふまえてたくさん経験すること
　　　　　　　　だれかに勝ちたい！！
○ 良くする心　　レベルアップする。失敗から成功に導く
○ 自律の心　　　自分の好きなように考えて行動する
○ 素直な心　　　目標を達成するということは，きちんとそれが
　　　　　　　　できているから

☆D班　向上心の定義
「目標に向かって，できなかったことをくり返し，失敗からわかる
ことを成功に導くもの」
「成長へとつながり，未来のために自分らしく生きていく」
「目標が夢に似ていて，自分をよりよくしていくもの」
「上へ上へと登りつめていくのに大切」

4．豊かな対話を通して気づきを深める 子どもたち

　こうして見てみると，必ずしも教科書に掲載された架空の読み物教材
でなければ道徳科の目標が達成できないというわけではなく，特に中学

１年生という大きな成長過程にあり，自分が成長することについて期待と不安が入り混じり，純粋でありながらも混沌とした心理状態の生徒にとって，自己成長や向上心について手づくりの学習材を用いて考えることは追求意欲を高める格好のテーマであったといえます。

　一人では道徳的価値についての理解が狭くて浅いものになりがちですが，班での友だちとの対話を通して多様な気づきと経験を共有して学び合うことで，自分の見方を広げ深い理解に至ることができるようになるのです。価値の理解が，友だちとの対話と合意形成に基づいて深まったことがわかります。

　生徒たちはとても楽しそうに，そしてこの学習の意義をしっかりと自分事としてとらえて，道徳的価値の定義づけという難しい作業に取り組んでいたのが印象的でした。一人一人の見方が，班や学級で合わさって多面的で深い理解を成立させる協働的な学びになっていました。

　最後に，代表的な班の発表内容を紹介して結びとしましょう。

私たちの班が考える向上心とは，自分の力を信じて間違いを素直に認め，自分の目標に向かい積極的に成長しようとする心です。
話し合いの中では成長する心，信じる心，正しい心，反省する心，素直な心という意見が出てきました。
向上心が自分の成長に役立った具体例で，Ｅさんがバスケの県大会で試合に出るために，反省を生かして目標を立て全員でも個人でも練習を頑張ったそうです。でも負けてしまったそうです。それでもＥさんは，その反省を生かして次の試合も頑張りたいといっていました。

【文献】
1　田中博之・梅澤泉・彦田泰輔『「考え，議論する」道徳ワークショップ』明治図書出版，2018

事例14　中学校３年　国語科
新潟県新潟市立内野中学校

１年間の学習を振り返ろう！

１．授業の特色とねらい

○中学校３年生の生徒たちが，１年間の学習を通して身に付けた資質・
能力を振り返り，言葉の力の大切さを認識するとともに，友だちの成
長を認め合い，卒業後にもさらに多様な資質・能力を身に付けること
を決意する国語科の実践

授業者：牧野淡紅恵教諭　渡邊麻央人教諭

中学校では，授業時間を確保した上で，教科学習で身に付けた資質・
能力を自己評価する授業は，これまでほとんど行われていませんでした。
それに中学校で挑戦していただきました。
中学校国語科の教科書（光村図書）には，生徒が身に付けた資質・能
力を振り返る単元が各学年の最終単元として位置付けられています。

○**中学校１・２年生**：１年間を振り返って身に付けた国語科の資質・能
力を整理してレポートにまとめて友だちに発表する活動
○**中学校３年生**：３年間の国語科の学習で身に付けた資質・能力を振り
返る

この単元を活用して，自己成長カードの作成を宿題にして，自己成長
のグループ別共有化から始まり，自己成長のグループ別のまとめと発表，
学習のまとめを含む国語科の評価セッションを実施しました。

なお，この小単元の配当時間数は1時間で，振り返りの範囲は3年間ではなく，3年生になって1年間の国語科学習としました。

２．子どもたちの学習活動の流れ

▷宿題として，3年生になって国語科で学んだ単元の中から2つまたは3つを選び，教科書の内容やワークシート，ノート，発表用に作成した作品などを用いて学習内容と学習成果を思い出し，A4判1枚のカラー用紙に身に付けた資質・能力を具体的に書き込んでくる

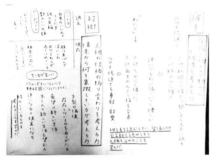

身に付けた力を
自己成長カードにまとめる

学習の成果物を評価に生かす

　生徒たちは，物語文や説明的文章で使われているイラストを書き入れたり，学習内容と身に付けた資質・能力を表に整理したりして，各自で工夫した自己成長カードを作成してきました。

▷自己成長カードをグループ別に共有化し，まとめと発表をする

グループで発表し
資質・能力を整理する

友だちの成長に拍手を送る

▷１年間で身に付けてきた資質・能力をまとめたホワイトボードを黒板
　に貼り出して，各グループの代表者が成果を発表

グループでまとめたボードを
貼る

　黒板一面には，国語科で学んだ多様な単元名とそれぞれに整理された
資質・能力が一覧できるようになり，生徒たちはそれぞれのグループに
拍手を送りながら，学習の達成感を感じていました。

▷授業の終わりに，教師による成長の価値付けや成長の一般化を行い，３年間の国語科学習の全てを終える

教師から身に付いた力を価値付ける

教師から卒業と進学の見通しを語る

「資質・能力一覧表」の活用

　この授業の前に自己成長カードの書き方や単元の選び方，カードの書き方，国語科で身に付ける資質・能力の整理などをすでに授業時間外に済ませていました。

　中学生とはいえ，国語科の資質・能力を整理して記憶してはいませんし，ノートに書いている各単元のまとめを見ても，１年間で身に付けるべき国語科の資質・能力が網羅されているとは限りません。

　そこで便利なのが，教科書（光村図書）の巻末に整理されている「資質・能力一覧表」です。生徒たちは，そこに整理してある資質・能力の項目を参考にするとともに，これまでの１年間の学習の状況と成果を教科書や資料に基づいてきちんと振り返ることを通して，教科の特質に応じた固有の資質・能力を意識したまとめができるようになりました。

　思いつきや勘だけで資質・能力をあげるのではなく，国語科教科書に

記載された項目を活用することで，生徒による評価セッションが，まさに観点別自己評価という「深い学び」になりました。

　生徒たちは，この評価セッションで，自信をもって自己成長の様子を資質・能力の視点から発表することができました。さらに，友だちの発表を聞いて拍手をして認め合うことがどのグループもできていました。

〈生徒たちが整理して書いたホワイトボードの記述例〉

単元名	身に付けた資質・能力
作られた「物語」を超えて	• 中心部分と付加的部分を見分け，要約する力
故郷	• 物語の要旨をつかむ力 • 現在と過去について理解し，物語を読みとる力
和歌	• 鑑賞文を書く力
初恋	• 技法にかくされている作者の心情を読みとる力 • 問いに対して理由を明確にする力 • 詩を読み取り評価する力 • 自分の考えを理由を付けて書く力
奥の細道	• 一つ一つの言葉から作者の心情や思いを読み取る力 • 一つの言葉で自分の発想を広げる力
広告分析	• さまざまな観点から見て，要約する力
握手	• 文字に書かれていないことを読み取る力 • 登場人物の気持ちの変化を表す力

班で単元ごとにまとめた
身に付いた力

3．自己成長力を伸ばす子どもたちの学び

☆Aさん

「スピーチ」の単元で身に付けた資質・能力

「今年のスピーチの機会は，夏休み明けの新聞スピーチでした。もちろん過去２年間にも同じような内容のスピーチをしたことはありましたが，文章の構成や伝わりやすい話し方等，今までとは一味も二味も違い若干のレベルアップもできたのではないかと感じました。また，この時だけでなく，人との会話や発表機会，テストでの記述問題等,この技術を応用できそうな機会が割とあったので,しっかり生かすことができました。」

一年間を振り返って

「まず，この一年間で本当にたくさんのことを学んでいたことを振り返りをしてみて感じました。『できないことをどうやって，どうなりたいか』など，自分で考えて，しっかり実行することができたので良かったです。また，今まで得意だった分野も『さらに伸ばしていくにはどうしたらよいか』を考えることができたので，とても充実した国語学習になったと思います。」

☆Bさん

単元「作られた『物語』を超えて」で身に付けた資質・能力

「この単元では，要約を通して文章の要点を短い文にまとめる方法や，人間の『伝える能力』の欠点から，これからどのようにして言葉と向き合うべきかを学んだ。」

一年間を振り返って

「３年生の国語では，これまでより長い文や複雑な古文などを自分の意見を交えながら読解していく力を付けた。学習を振り返ってみて，最初はあまり得意でなかった，要約して文章にすることが学び

を通して得意になれたのがうれしかった。これからはもっと複雑な文を読むことになるかもしれないけど，３年間で身につけた力を活かしてがんばりたい。」

　このように，資質・能力の成長を客観視する力や次の学習を見通した学習改善の意識が育っていました。

４．温かい学級の中で支え合う学習評価の実現

　授業者の二人の先生にお話をお聞きすると，「意外なほど生徒たちは，しっかりと身に付けた資質・能力を振り返ることができていたことが，うれしかった」「こうした振り返りの授業ができたこと自体，国語科としてアクティブ・ラーニングを目指して，この１年間，課題解決的な学習を進めてきた成果だと感じた」という感想がありました。

子どもの自信と自尊感情の高まり，支持的な雰囲気の醸成
　この実践で大変印象的だったのは，グループの中の誰かが発表するたびに，自然に大きな拍手が起きていたことです。そうした友だちからの笑顔と励ましによる支持的な雰囲気が，授業に温かさをもたらしていました。

　この授業では，生徒たちの自己評価と相互評価の活動を通して，国語科で身に付けた資質・能力の自覚と共有をすることがねらいですが，子どもたちの活動の副次的効果として，友だちからほめられることによって発表者には自信が高まり，やればできるという自尊感情が生まれているようでした。

　身に付いた資質・能力を振り返り，自分が成長した様子を発表して友だちからほめ言葉をもらうことは，学級経営という意味で支持的な学習集団を育てることにつながっていることを実感しました。

　本書で提案している成長力アンケートに，領域として「周りの人と共

に成長する力」を入れている理由が，本実践事例から理解できると思います。子ども主体の学習評価は，子どもたちに評価活動を通して自信と自尊感情を高めるとともに，学級内の友だちと認め合い支え合う肯定的な人間関係を醸成するのです。

　この実践では，まさに教科学習と学級経営が，子ども主体の学習評価を通して相乗効果を及ぼし合っていました。

　授業終了後は，どちらのクラスでも，3年間の最後の時間であることから，代表の生徒から先生へサプライズで小さなプレゼントの贈呈式があり，温かい笑顔に包まれた教室になったことが印象的でした。生徒たちはこの評価セッション（成長振り返りの会）によって，1年間にわたる国語科の学習において多様な課題解決に取り組んできたことが自信となり，学びの喜びと達成感を感じられたことでしょう。

自己成長を可視化・意識化していく学びを

　これからは，「主体的・対話的で深い学び」を実施するために，こうした評価セッションのような，身に付けたい資質・能力と身に付けた資質・能力を比較しながら生徒自らが自己成長を可視化・意識化していく学びを，教育課程全体を通してわずかでも実施することが不可欠であると確信しています。それこそが，「学びと評価の一体化」になるのです。

第 7 章
総合的な学習の時間と特別活動における成長発表会
自己成長をうながす授業実践　Part 4

事例 15　小学校 5 年　総合的な学習の時間
大阪府堺市立浜寺小学校

聞こえる, 未来からのありがとう

1 . 授業の特色とねらい

○「浜小子どもフェスティバル」の実践で身に付けた力を振り返ることを通して, 自分にはどのような成長があったのかを自覚し, 成長アルバムや「私の通知表」にして表現する総合的な学習の時間の取組

授業者：阪口敬子教諭

▶**単元名**：「聞こえる, 未来からのありがとう」

　この単元の名称は, 未来に大人になった自分がそれまでに多くの資質・能力を身に付けてきたことについて, 今の小学生の自分に「成長してくれてありがとう」と感謝しているよという意味です。まるでタイムマシンに乗って大人になった自分にインタビューしているような表現ですが, この単元で努力して成長したことに関して, 大人になって小学校時代を振り返って, きっと自分自身に「ありがとう」と感謝することでしょう。

この単元では，子どもたちに自己成長を生み出していく具体的な方法を学ぶ機会を設定するとともに，自分自身を励まし友だちどうしで励まし合いながら自己成長をうながし合う関係を大切にしています。

２．子どもたちの学習活動の流れ

　「浜小子どもフェスティバル」という小学校版の学園祭を子どもたちが協力して企画・実践することが活動の中心となっている単元です。その課題解決的なプロセスを紹介します。

▷身に付けたい資質・能力を「つけたい力シート」「自分をそだてようシート」に書いて中間評価をする

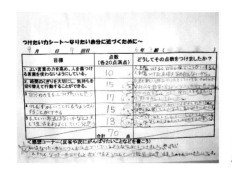

「つけたい力シート」に
点数をつける

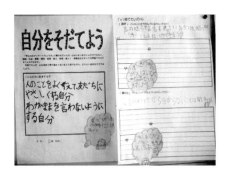

「自分をそだてよう」シート
に成長を書く

写真をもとに身に付けた力を
振り返る

▷プロジェクトの成果と課題を整理する

フェスティバルの成果と課題
を振り返り整理する

▷「成長した自分シート」に成長したことを書いて友だちからのほめほ
　め付箋紙を貼ってもらう

ほめほめ付箋紙が貼られた
成長した自分シート

▷「成長アルバム」に友だちからの成長おめでとうカードを貼る

友だちから
成長おめでとうカードを
もらって貼る

▷「成長アルバム」に自分の成長の軌跡をすごろく形式で作成する

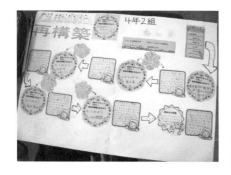

すごろく形式で
自己成長の軌跡を整理

▷「私の通知表」に友だちから身に付けた力のカードを貼ってもらい発
表する

「私の通知表」に
身に付けた力のカードを
貼ってもらう

子どもたちが作成した
成長アルバム

成長アルバムを用いた
自己成長発表会

　このように多様な学習評価の場を設定し，子どもたちは多様な自己評価と相互評価を繰り返しながら，より多くの資質・能力を身に付けて成長していきました。

3．成長について深く考える

尊敬できる大人との対話的学び

　子どもたちは，地域の尊敬する人との出会いによって，成長するということはどういうことかを深く考えることができるようになりました。

　はじめは，「成長するためにはがんばることが大切だ」「成長するということは，いろいろな力を身に付けてできることがふえること」というように，間違ってはいませんが浅い考えにとどまっていました。

　しかし地域の人へのインタビューを通して，「成長は目標を高くもつことから生まれる」「人のためになることをしようとすることが成長につながる」「成長するまでには多くの失敗をし，それを乗り越えている」という深い気づきへと至ることができました。

　子どもたちはまだ12年ほどしか生きていません。そのため，自己成長の在り方について深く考えることはできるはずもありません。しかし，地域で真剣に仕事に取り組み，多くの経験を経てきた大人の生の証言を聞くことを通して，成長へとつながる人間の生き方が少しずつ見えてく

るのです。

　こうした尊敬できる大人との成長に関わる対話的な学びこそが，自己成長プロジェクトにおいて子どもたちの成長をうながしていました。

４．成長アルバム，私の通知表の作成と発表

　また，もう１つ大きな成長促進の要因は，子どもたちが自己成長に気づきやすくするための多様なワークシートを用意したことです。

　すでに紹介したように，この実施では，「つけたい力シート」「成長した自分シート」「自分をそだてようシート」「成長アルバム」「私の通知表」という５種類の成長を記録し表現するための書き込み教材が使われていました。

　これらのワークシートの活用にあたっては，子どもたちは常に，「なりたい自分に近づくために」という意識でのぞんでいました。このキーフレーズがあることによって，子どもたちは自己成長を生み出すための多様な活動にブレなく真剣に取り組んでいくことができました。

　最後に，子どもたちがワークシートに書いた自己成長の様子をいくつか紹介しましょう。子どもたちの力強い自己成長への思いと願いは，この実践の大きな成果を物語っているといえるでしょう。

☆Ａさん
私は，なりたい自分に少しずつ近づいているような気がしてきました。これからもなりたい自分にもっと近づけるようにして，小学校最後の生活を楽しんでいきたいです。

☆Ｂさん
連合運動会のバトンわたしは，私的にむずかしかったけれど，何回も練習してうまくなったし，あきらめずにがんばったから，少しむずかしいことにも挑戦できた。

☆Ｃさん
小さな発表（自分の成長ベストスリー）の時に，いろんなアドバイスができるようになった。発表をはずかしがらずにできるようになった。評価セッションで，みんなのいい所がいっぱいいえるようになった。

☆Ｄさん
力をもっとつけるために，努力したいです。どんな所からでも学べるんだなと実感しました。

☆Ｅさん
だんだんと言葉には気をつけるようになって，あまり人を傷つける言葉を使わないようになったから，20点満点で17点。次は，20点満点にしたいです。このことは，意識をすればなおることだって気づいた。気づくのが遅いけど，自分に厳しくしていこうと思った。

※授業者の所属は実践当時

大阪府高槻市立柳川小学校

評価セッションをしよう！

1．授業の特色とねらい

○「みんなが住みやすい街づくり」をテーマとして，自分たちの街のバリアフリーの状況を調べて発表したり，車椅子体験やアイマスク歩行体験をしたり，お年寄りや障害者と交流することを通して福祉と共生の街づくりに必要なことを考える

○評価セッションとして，単元の開始時点で自己成長課題を自己設定したり，単元の終了前に，自己成長シートを作成したりして成長発表会を開く

　総合的な学習の時間においては，子どもの自己評価が評価活動の中心的役割をもつようになります。そこで，子どもたちが自己評価をする意義について，次のような5点（p.9の再掲）で整理して考えてみましょう。

【子どもが自己評価をする意義】

① 　自分の学習状況を対象化してとらえることができる

② 　判断基準に基づき自己の学習状況を客観的にとらえることができる

③ 　目標が十分達成できたところについて自信をもつことができる

④ 　学習が不十分なところについて新たな達成意欲をもつことができる

⑤ 　自らの学びの改善案やより高い目標を考えることができる

　つまり，自己評価とは，自らの学習の改善をめざして，自己を対象化して客観的に把握し，新たな学びへの意欲を抱くことであるといえます。

　では，総合的な学習の時間における自己評価は，どのようなことに配慮して実施すればよいのでしょうか。総合的な学習の時間の意義や特色を生かして，次のような5つのポイントを大切にしたいものです。

【総合的な学習の時間における自己評価のポイント】
①　自己評価から自己改善につながるようにすること
②　子どもが長期的に自己成長の軌跡を振り返られること
③　課題解決の過程に沿って多様な実践スキルを評価すること
④　子どもと教師の共同評価を大切にすること
⑤　自己評価の結果を単元構成や支援活動の改善に役立てること

　自己評価活動の中でも特に大切なことは，総合的な学習の時間が始まる小学校3年生から継続して行わせて，数年にわたる長期的な自己成長を見つめさせることです。そのためには，子どもたちに1冊ずつクリアポケットファイルをもたせて，その中に各単元の自己評価カードを保存させておくと効果的です。
　教師の側から子どもたちの自己評価に関わる視点としては，子どもとの共同評価，つまり合評を行うことと，子どもの評価結果から授業や支援の在り方の改善につなげていくことが大切です。
　さらに，総合的な学習の時間の評価観点は，通知票や学年ごとの単元構想案において明示することによって，地域や保護者への説明責任を果たすとともに，子どもたちに対しても，「自己評価カード」「総合学習ふりかえりカード」「総合学習オリエンテーションプリント」などに明示することによって，自己評価から自己改善に結びつけられる自律的な学習態度をもつ子どもたちを育てることに配慮することも大切です。
　いいかえるならば，総合的な学習の時間においては，子どもたちが「学びと評価の一体化」を行えるように，子どもたちに自己評価力を身に付けさせることが必要なのです。

２．子どもたちの学習活動の流れ

▷「つけたい力一覧表」をもとに自己成長のための目標を決める

- 学習を開始する前に配付された一覧表には，下記のような資質・能力が例示されている

〈この単元で身に付けたい力の例示〉

① 学ぶ態度
- 自分から，人のために役立つことを考えようとする
- 自分の苦手なことにもチャレンジしようとする
- 学校や社会のルールを守り，マナーを大切にする
- イライラしているときでも，周りの人の意見を落ち着いて聞こうとする
- 自分から進んでお年寄りや障害のある人に手をさしのべようとする
- 班の友だちと仲よく協力して地域の調査活動にでかける
- 自分から進んで活動する
- 最後までねばり強く活動する
- 活動の時間をむだなく過ごす
- その他

② 課題を見つける力
- 自分の体験や調査したことから，もっと調べてみたいことを見つける
- 調べたいことを，はっきりと自分で決める
- その他

③ 計画する力
- 自分の調べてみたいことについて，見通しをもって計画を立てることができる
- ものごとのすじみちをたてて考えることができる
- 調べ方がわかり，活動の計画を立てる
- 新しいアイデアを考えたり工夫したりする
- その他

- 子どもたちは一覧表を参考に，自己成長課題を各領域で１つずつ決めて書く。この他にも領域として，自己表現力や情報活用能力，コミュニケーション能力，問題解決力などがある

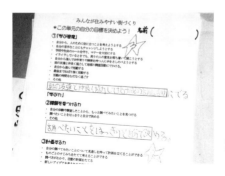

この単元で身に付ける
資質・能力を例示したシート
と自己決定した資質・能力

▷成長発表会を開き，一人一人が前に出て発表する

自己成長シートを見せながら
発表している様子

福祉問題について学んだ
総合的な学習の時間で
作成した
自己成長ベスト３シート

▷各班で友だちの自己成長シートを見ながらお互いの成長を認め合う

班で友だちから
「ほめほめ言葉」を
もらっている様子

3．自己成長力を伸ばす子どもたちの学び

　このようにして，総合的な学習の時間では，身に付けたい資質・能力を子どもたちが自己設定して振り返りを行う評価セッションに十分時間をかけて，成長をうながすことができるため，子どもたちの自己成長力や友だちのよさを認める心を育てることができます。

　　　※実践の掲載については，学校長　中田大河先生に許可をいただきました。

事例 17　小学校 5 年　特別活動
福岡県福岡市立原西小学校

自己力アップ大作戦をしよう

1．授業の特色とねらい

○総合的な学習の時間を用いて，「自己力」という新しい資質・能力を学級力のアンケート項目を参考にして作成し，その自己診断から子どもたち一人一人が自己成長の課題を発見して，その改善をめあてとして自己成長に取り組む

○「自己力アップ宣言！」と呼ぶ，子どもたちに身に付けた資質・能力を自覚させるとともに，友だちの成長を認め合いさらなる自己成長につなげる学習を総合的な学習の時間で行う

授業者：田中慎也教諭　桐原香教諭

　当校では，特別活動の時間に「学級力向上プロジェクト」という子どもたちが主体となってよいクラスを作る活動を行っています。

※学級力向上プロジェクトについては文献1を参照

2．子どもたちの学習活動の流れ

　この実践では，「子どもたちによる自己の学習状況のメタ認知」という原理に基づいて，自己力のアンケート項目を子どもたちに示し，アンケートの結果を自分でレーダーチャートにして自己評価した取組です。

▷「自己力アップ宣言！」のめあてと進め方を確認する

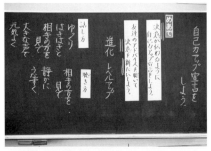

自己力アップ宣言の
めあてと話し方・聴き方

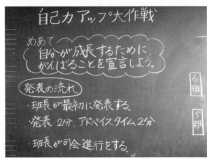

自己力アップ大作戦の
めあてと流れ

▷自己力アンケートの結果を子どもたちが自分でレーダーチャートに描
き，その診断結果をワークシートに整理する

レーダーチャートの
分析結果をまとめている

▷一人一人発表するとともに，友だちからほめほめコメントをもらい，
さらなる自己成長へ向けてのアドバイスを伝え合う

円陣に座ってグループで行う
自己成長発表会

友だちの自己力アップ宣言に
アドバイスやほめほめをする

　あるクラスの取組では，教室の壁に自己成長の宣言を一人一人書いて，そこへ自分ができたと思う時にシールを貼るようにしていました。それが少しずつたまっていく様子を可視化することで自己成長への実感が高まってきます。

自己力アップ宣言に
ほめほめシールを貼る

〈自己力アップ宣言〉

☆Aさん

安心を生む力

△ 相手と考えが逆だと一方的に批判するので，相手の言うことを
　 しっかりと聞けるようになりたい

○ 授業中に，先生の話や友だちの話を最後まで聞くこと

☆Bさん

話しをつなげる力

△ 人からしゃべりかけられた時などにいっしょに話してしまう

○ いっしょに話すんじゃなくて注意して，話している人の方を向
　 いてちゃんと聞きたい

☆Cさん

きまりを守る力

△ 時間をあまり見ていないから時間を気にするように

○ 自然教室の部屋には，時計がないから，みんなの指示や腕時計
　 で行動する

☆Dさん

話しをつなげる力

△ 授業中に進んで発表していないから。あてられないと発表しない

○ ノートに１つでも考えを書いたら，手をあげるようにしたい

☆Eさん

目標をやりとげる力

△ 算数で意味がわからなくなると，「ムリやん。」とかすぐに口に
　 出してしまうから「ムリ」をなくしたい

○ 一日一回プリントや教科書をみるなど，予習をテスト前日に覚
　 える

☆Ｆさん
友だちを支える力
△　短気で人の気持ちを考えることがあまりできていない
○　むかつくようなことをいわれても，なんでそんなこと言ったの
　　か考えたいと思います

　また，あるクラスでは，自己力アップ宣言の交流会を開いて，各グルー
プで円陣に座って，お互いの成長を認め合うとともにさらなる成長への
アドバイスを伝え合いました。友だちへ伝えたアドバイスと友だちから
もらったアドバイスをともにワークシートへ書くことで，学級の友だち
と協力して自己力をアップするようにしています。

グループごとに自己成長宣言
を交流する

自己評価と相互評価の成果を
記録している

3．自己成長力を伸ばす子どもたちの学び

　どの子も自分の成長を発表する時は少し気恥ずかしそうにしていましたが，友だちからほめられてうれしくなったり，さらなる成長への課題が見えて真剣にワークシートに書き込んだりしながら目的意識をもって真剣に自己成長に向けてがんばっている様子が印象的でした。

　どの学校でも，こうした自己成長を認め合いうながし合う学習を実践して，子どもたちの自尊感情と自己成長への意欲を高めてほしいと思います。

【文献】
1　田中博之編著『学級力向上プロジェクト』金子書房，2013

　　　　　　　※　授業者の刊行時の所属　田中慎也教諭：福岡市立北崎小学校
　　　　　　　　　　　　　　　　　　桐原　香教諭：福岡市立西都小学校

事例18　小学校6年　総合的な学習の時間

大阪府堺市立浜寺小学校

自分向上プロジェクト

1．授業の特色とねらい

○「自分向上」をテーマとして，1学期から行ってきた地域の専門家への聞き取り調査を通して見えてきた尊敬すべき人の生き方を探り，それと重ね合わせながら自分のこれまでの12年間の人生を振り返るとともに，これからの自分の生き方を考えるために「自分史」を書く総合的な学習

○相田みつをの詩「道」や星野富弘の伝記に学んで，子どもたち一人一人「自分」という詩を創作

授業者：嶺村労教諭　坂本しのぶ教諭　池側早智子教諭

　小学校の卒業前に，尊敬する地域の人や作家の生き方に触れて，自分のこれからの人生の生き方を友だちと共に考えていく深い学びになっています。

2．子どもたちの学習活動の流れ

▷カルタ（イメージマップ）で自分のイメージやもっと伸ばしたい長所，できるだけ直していきたい短所，将来の夢などをまとめて自画像を整理する

　• 子どもたちが作成したカルタは，「地域の尊敬する人」「自分のいいな」「自分の役割」「働く」と全部で4種類ありました。それらをつ

なげながら自分を多面的に，深く見つめ，自分史の作成に活かして
いきます。

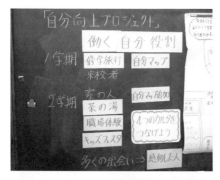

子どもたちの学びの軌跡を
振り返る

4つの生き方カルタを
つなげて考える

4枚の生き方カルタを
つなげた様子

▷地域の尊敬する人の生き方に学ぶために，直接その人と会い，インタ
ビューをして聞き取った内容をカルタにまとめる

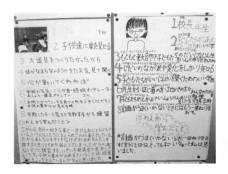

尊敬する人の生き方を
まとめる

　子どもたちがインタビューしたのは，学校の先生，プロの演劇のスタッフ，病院の院長先生など，多種多彩な人々でした。子どもたちは，人生の成功だけでなくその影に隠された多くの失敗やトラブルを教えてもらうとともに，困難をどうやって乗り越えてきたかについて具体的な人生のアドバイスをもらうことができました。

▷相田みつをの詩「道」をゲストティーチャーとともに読んで，その一
　節である「道は自分でひらく」とはどういう意味なのかを，床に置い
　た模造紙の上にウェビングしながら深く考える

ゲストティーチャーと
詩を読んで考える

▷子どもにとって身近なスポーツ選手が書いた短い自分史を参考にして
　そこから自分史の書き方の型を取りだし，それを活かして，「人の生
　き方に学び自分を作ることの大切さ」をテーマにして作文を書く

「心のノート」の教材文を
もとにして自分史を
書いている

　教材のテーマの裏には，当然のこととして人生における避けられない
スランプや失敗，困難を自分の努力や周りの人からの支えによって乗り
越えて，生きがいや達成感を感じることができたという問題解決的な人
生の感動秘話が埋め込まれています。

　（力がなかった頃の自分）→（夢や希望をもち始めた自分）→（挫折
して自信を失ってしまった失意の中の自分）→（努力と支えによってそ
れを乗り越えた自分）→（今の生きがいとこれからの夢）という流れで
書かれた自叙伝の型を活かして，子どもたちはそこに自分の体験を再構
成し，さらに将来の夢や希望を書き綴っていきました。

▷自分の決意した，これからの生き方を詩にして発表

子どもたちが創作した
詩のページ

3．成長について多面的に深く考える授業

自分史の作成の中でありのままの自分を見つめる

　子どもたちの自分史はどれも個性的で，生き生きと自分のありのまま
の姿を見つめることができていました。これからの夢や生き方について
もはっきりと描き出すことができていました。それは，地域の大人たち
が教えてくれた人として望ましい生き方のモデルに学べたことと，自分
をしっかりと見つめ直したこと，スポーツ選手や詩人が書き残した自伝
や詩からたくましい生き方を学ぶことができたからなのです。

　この実践では，フィンランド・メソッドで著名なメルヴィ・ヴァレ先
生に直接指導を受けた先生たちが，様々なフィンランド・メソッドを活
用して子どもたちにあたかも自叙伝作家になるために必要な力を育てて
いました。

　自分史がおよそできあがると，コンピュータを使ったデジタル自分史
発表会を行い，コンピュータの画面から思い出の写真を映し出しながら，
子どもたちが一人一人自分の成長と将来の夢を感動的に語ってくれたこ
とが印象的でした。

自分史をスライドショー
にして発表する

　こうした成長綴り方教育とでも呼べる実践は，卒業を間近にした小学
校最高学年の子どもたちの心の中に，これからの自分の人生におけるさ
らなる成長への決意をもたせることになったことでしょう。これも，フィ

ンランド・メソッドがねらいとする「自分づくり」のための確かな学び
なのです。

※詳細は文献1を参照。

　自己成長発表会では子どもたちが，自分について次のような発見と決
意をすることが特徴になります（p.18より再掲）。

【自己成長発表会における子どもたちの学び】
① 　これまでの自分史を振り返る
② 　自己と友だちの成長を発見する
③ 　自分の夢や希望をはっきりともつ
④ 　自分の適性や個性を発見する
⑤ 　自分の長所と短所に気づく
⑥ 　人に支えられて生きていることに気づく
⑦ 　これからの生き方を考える
⑧ 　人生設計プランを立てる
⑨ 　親や先生，友だちに成長の感謝を表す
⑩ 　自立への自覚と責任をもつ

　このような子どもたちの自己成長をうながす総合的な学習の時間の取
組は21世紀社会においてますます重要になっているといえます。

【文献】
1　田中博之『フィンランド・メソッドの学力革命』明治図書出版，2008

※授業者の所属は実践当時

小学校高学年版

ver.1.1

成長力アンケート

年	組	番
名前		

第　回（　　月）
小学校高学年版

◎　このアンケートは、自分が成長していくために大切な力を身に付けているかどうかを自分でふり返るためのものです。それぞれの項目の4～1の数字のあてはまるところに、一つずつ○をつけましょう。学校の成績とは関係ありませんから、ありのままを答えてください。

4：とてもあてはまる　3：少しあてはまる　2：あまりあてはまらない　1：まったくあてはまらない

成長しようとする力

①向上　自分にいろいろな力をつけて成長したいと思っています。　　　4－3－2－1

②模範　偉人や尊敬する人の生き方に学んで、自分に生かしています。　　4－3－2－1

成長の目標をもつ力

③目標　自分のことについて、のばしたいところやがんばりたい目標があります。　4－3－2－1

④夢　　私にはしょうらいの夢ややってみたい仕事があります。　　　　4－3－2－1

自分を評価する力

⑤理解　自分の長所や短所、とくいなことやにがてなことがわかっています。　4－3－2－1

⑥評価　自分はこれまで成長してきただろうかと、ふり返っています。　　4－3－2－1

自分を創る力

⑦改善　いつも学習のしかたや生活のしかたを、よりよくしようと努力しています。　4－3－2－1

⑧行動　自分の目標をたっせいしたり夢をかなえたりするために行動しています。　4－3－2－1

友だちと共に成長する力

⑨協力　友だちとともに成長できるように、協力したり励まし合ったりしています。　4－3－2－1

⑩学び　友だちの生き方や友だちからもらったアドバイスに学んでいます。　4－3－2－1

自分を修正する力

⑪注意　同じ失敗やまちがいをしないように注意しています。　　　　　4－3－2－1

⑫努力　自分の短所や苦手なことをなくすために努力しています。　　　4－3－2－1

心を落ちつかせる力

⑬安定　イライラしたり心配したりしても、静かに心を落ちつけられます。　4－3－2－1

⑭元気　失敗したりまちがえたりしても、また元気になってがんばることができます。　4－3－2－1

中学生版　基礎編

成長力アンケート

ver.1.2

第　回（　月）

中学生版　基礎編

	年　　　組　　　番
名前	

◎　このアンケートは、自分が成長していくために大切な力を身に付けているかどうかを自分でふり返るためのものです。それぞれの項目の４〜１の数字のあてはまるところに、一つずつ〇をつけましょう。学校の成績とは関係ありませんから、ありのままを答えてください。

４：とてもあてはまる　３：少しあてはまる　２：あまりあてはまらない　１：まったくあてはまらない

成長しようとする力

①向上　自分にいろいろな力をつけて成長したいと思っています。　　　　　　４ー３ー２ー１

②模範　偉人や尊敬する人の生き方に学んで、自分に生かしています。　　　　４ー３ー２ー１

成長の目標をもつ力

③目標　自分のことについて、伸ばしたいところやがんばりたい目標があります。　４ー３ー２ー１

④夢　　私には将来の夢ややってみたい仕事があります。　　　　　　　　　　４ー３ー２ー１

自分を評価する力

⑤理解　自分の長所や短所、得意なことや苦手なことがわかっています。　　　４ー３ー２ー１

⑥評価　自分はこれまで成長してきただろうかと、ふり返っています。　　　　４ー３ー２ー１

自分を創る力

⑦改善　いつも学習のしかたや生活のしかたを、よりよくしようと努力しています。　４ー３ー２ー１

⑧行動　自分の目標を達成したり夢をかなえたりするために行動しています。　４ー３ー２ー１

周りの人と共に成長する力

⑨協力　周りの人と共に成長できるように、協力したり励まし合ったりしています。　４ー３ー２ー１

⑩学び　周りの人の生き方や周りの人からもらったアドバイスに学んでいます。　４ー３ー２ー１

自分を修正する力

⑪注意　同じ失敗やまちがいをしないように注意しています。　　　　　　　　４ー３ー２ー１

⑫努力　自分の短所や苦手なことをなくすために努力しています。　　　　　　４ー３ー２ー１

心を落ちつかせる力

⑬安定　イライラしたり心配したりしても、静かに心を落ちつけられます。　　４ー３ー２ー１

⑭元気　失敗したりまちがえたりしても、また元気になってがんばることができます。　４ー３ー２ー１

ver.1.1

成長力アンケート

第　回（　　月）

年　　　組　　　番
名前

中学生版　応用編

◎　このアンケートは、自分が成長していくために大切な力を身に付けているかどうかを自分でふり返るためのものです。それぞれの項目の４～１の数字のあてはまるところに、一つずつ〇をつけましょう。学校の成績とは関係ありませんから、ありのままを答えてください。

４：とてもあてはまる　　３：少しあてはまる　　２：あまりあてはまらない　　１：まったくあてはまらない

成長しようとする力

①向上　自分の成長がゆっくりでもあきらめずにねばり強く努力しています。　　　　　４－３－２－１

②挑戦　それまで経験していないことでも自分にとって大切なことには挑戦しています。　４－３－２－１

成長の目標をもつ力

③目標　自分が達成したい目標を新しく決めたり、レベルアップしたりしています。　　　４－３－２－１

④発見　自分がなんのために生きているのか生きるべきなのかを考えています。　　　　４－３－２－１

自分を評価する力

⑤基準　自分にとって正しい行動や望ましい生き方を判断する自分なりの基準をもっています。　４－３－２－１

⑥評価　自分の成長は自分にとって満足できるものかどうか、いつもふり返っています。　４－３－２－１

自分を創る力

⑦尊敬　自分の人としての価値を高めて、人から尊敬されるようになろうとしています。　４－３－２－１

⑧克服　自分の成長にとって壁になっていることでも、克服しようとしています。　　　４－３－２－１

自分を修正する力

⑨素直　先生や友だち、家族から指摘されたことは素直に反省して直すようにしています。　４－３－２－１

⑩努力　自分の短所や苦手なことをなくすために努力しています。　　　　　　　　　　４－３－２－１

自分の失敗を生かす力

⑪敬う　自分の負けを認め、人の勝ちをうやまうことができます。　　　　　　　　　　４－３－２－１

⑫学び　失敗してもくよくよせずに、失敗に学んで成長することができます。　　　　　４－３－２－１

人のために生きる力

⑬助け　弱い人や困っている人を助けたりして、人のためになることをしています。　　４－３－２－１

⑭促し　自分のことばかりを考えるのではなく、人の成長を促すように心がけています。　４－３－２－１

提言　次期学習指導要領の改訂では自己成長をキーワードに！

　本書を読み終えて，読者の皆さんは，ここで提案されている自己成長プロジェクトや成長力アンケートを用いた様々な小単元による授業をどのように思われたでしょうか？

　現行の学習指導要領でもわずかな要素ですが，生活科や道徳科，特別活動などに子どもたちが自分の成長を考える内容が設定されています。それは，子どもたちが自己成長について主体的に考え主体的に取り組むきっかけを与える場面設定であり，ありがたいことです。

　ただしそれで十分であるかと問われれば，そうではないと答えざるを得ません。自分を疎かにする教育からは，未来の日本を作る力は育ちません。

　自分の周りの自然環境を保護したり持続可能にしたりするための学習をすることも大切です。遠く離れた国々の子どもたちの貧困問題を解決するために，ボランティア活動に取り組むことも必要でしょう。

　しかしそうした自己の周りにある外的世界に関わる学びばかりを経験してきて，自分の内的世界に関心をもち，その成長のために夢や目標を実現する楽しさや大切さを実感する学びを経験しなくていいのでしょうか。それでは，子どもたちはメッキで装飾された大きな空き缶のような人間になってしまわないでしょうか。

　自分に自信をもてず，友だちと支え合う関係を築けず，将来の夢につながる目標の設定の仕方もわからずに，ただ与えられた外的世界の理解に偏重した学習に埋没していていいのでしょうか。

　私は，大学時代の教育学の恩師，梶田叡一先生の教えに学び，「学力保障と成長保障の両全」という教育的価値を基盤として，もう少しわが国の学校教育のカリキュラムの中に，自分で自分を育てる教育，つまり自己成長学習を増やしていくことが，子どもたちが

「柔軟でありながらも強い自分を自分で育てる力」を身に付ける上で必要不可欠であると信じて，そのための実践研究に取り組んできました。

　ぜひとも一人でも多くの方が，このバランスの取れた大切な教育的価値の重要性を理解してくださり，わが国の学習指導要領の主要な改訂ポイントにしていただくことを切に願っています。また，筆者自身そのための誠実な実践研究を継続していきたいと思っています。

　具体的な政策提言としては，次のような5点になるでしょう。

① 　総合的な学習の時間に，探究課題の例示として，自己探究や自己成長という用語を設定する
② 　道徳科の内容項目に，成長・支え合いという用語を入れる
③ 　特別活動を年間50時間にして，内容領域に自己成長を位置付ける
④ 　小学校3年から中学校3年まで新教科「人間」を設定して，人間の成長や発達，心理，教育，福祉，人間関係などについて学べるようにする
⑤ 　国語科の書くことや話すことの単元において，自分をテーマにした単元を増やしたり，題材のテーマ例に自分という用語を入れたりする

　これらの5つの政策は，全てを同時に実現することはできないでしょう。また，時間数の変更や新教科の設定は教育課程の全体のバランスを考えるとすぐには難しいでしょう。

　そこでまずは，小中学校の総合的な学習の時間に，①であげたように，自己や自分といった探究のテーマ例を学習指導要領に追加することで，小学校低学年の生活科から中学校3年生の総合的な学習の時間までの9年間を，しっかりと自己成長というキーワードでつなげることを提案します。新しいテーマ例をあげるだけでも，全国の学校で様々な創意工夫が生まれてくるに違いありません。

　幸いなことに、『「令和の日本型学校教育」の構築を目指して（中央教育審議会答申）』（令和3年1月）では、本書で提案している「子どもた

ちの自己成長」を支援する教育の在り方と趣旨を同じくする実践の方向性を明確に定めていることに勇気づけられます。

　例えばいくつかの提言を引用すると，「子供が自らのこれまでの成長を振り返り，将来への展望を培うとともに，自己肯定感を育むなどの取組も大切である。」(p.19)，「自身の変容や成長を自己評価する学習活動などを充実していくことが求められる。」(p.42)，さらに，「探究学習の過程を重視し，その過程で生じた疑問や思考の過程などを生徒に記録させ，自己の成長の過程を認識できるようにする(中略)ことが重要である。」(p.58)と述べています。

　この答申が求めるように，令和の時代の学校では，こうした子どもたちの成長を支援する教育が広がっていくことを心から願っています。

　筆者の30年以上にわたる学校との実践的な共同研究の経験から，この自己成長学習が最も子どもたちの学びの姿が感動的であり，これからの日本の子どもたちに必要であり，かつ子どもたち自身が求めている学びの姿であることを実感しています。その感動とそこから生まれる研究者としての責任感を本書から感じ取っていただければ望外の喜びです。

2022年12月　著者記す

田 中 博 之　たなか ひろゆき

早稲田大学教職大学院　教授
専門：教育工学および教育方法学

1960 年生。大阪大学人間科学部卒業後，大阪大学大学院人間科学研究科博士後期課程在学中に大阪大学人間科学部助手となり，その後大阪教育大学専任講師，助教授，教授を経て，2009 年 4 月より現職。1996 年及び 2005 年に文部科学省長期在外研究員制度によりロンドン大学キングズカレッジ教育研究センター客員研究員。

著書
『学級力が育つワークショップ学習のすすめ』金子書房，2010 年（単著）
『学級力向上プロジェクト』金子書房，2013 年（編著）
『学級力向上プロジェクト2』金子書房，2014 年（編著）
『学級力向上プロジェクト3』金子書房，2016 年（編著）
『若手教員の学級マネジメント力が伸びる！』金子書房，2018 年（編著）
『新全国学テ・正答力アップの法則』学芸みらい社，2019 年（単著）
『「主体的・対話的で深い学び」学習評価の手引き』教育開発研究所，2020 年（単著）
『NEW 学級力向上プロジェクト』金子書房，2021 年（共編著）
他，多数。

子どもの自己成長力を育てる　「自分づくり」を支える授業実践

2023年2月28日　初版第1刷発行　　　　　　　　〔検印省略〕

著　者　田中博之
発行者　金子紀子
発行所　株式会社 金子書房
　　　　〒112-0012　東京都文京区大塚3-3-7
　　　　TEL 03(3941)0111(代)　FAX 03(3941)0163
　　　　https://www.kanekoshobo.co.jp　振替 00180-9-103376

印　刷　藤原印刷 株式会社
製　本　一色製本 株式会社